互联网传播形态与中国传播能力建设研究

U0720864

新媒体环境下的
危机公关研究

夏 琼 胡大海◎著

科学出版社
北 京

内 容 简 介

本书主要以新媒体环境为观察背景，以危机公关为研究方向，选取政府危机公关为切入点，从新时代政府危机公关的发展历程入手，试图从政府危机公关与新媒体的关联及运用，以及新型传播体系建构的维度，来呈现新媒体环境下政府危机公关的转向。结合研究的时空背景和现实观照，本书界定了政府危机公关的相关概念，厘清了理论来源，梳理了政府危机公关的类型、原则与评估指标；分别从政府危机公关的现状与困境、新媒体的舆论监测等方面来阐释政府危机公关中对新媒体的运用，并从媒介体系的解构与重构、危机公关中新媒体对政府形象的影响等角度来探讨政府危机公关与新媒体传播体系的建构。

本书的读者对象主要包括公关从业人员，大中专院校的公关专业师生以及公关爱好者。

图书在版编目（CIP）数据

新媒体环境下的危机公关研究/夏琼，胡大海著. —北京：科学出版社，2022.8

ISBN 978-7-03-073172-2

Ⅰ．①新… Ⅱ．①夏… ②胡… Ⅲ．①传播媒介–公共关系学–研究 Ⅳ．①G206.2

中国版本图书馆 CIP 数据核字（2022）第 168652 号

责任编辑：王 丹 赵 洁 / 责任校对：贾伟娟

责任印制：李 彤 / 封面设计：润一文化

科 学 出 版 社 出版

北京东黄城根北街 16 号

邮政编码：100717

http://www.sciencep.com

北京建宏印刷有限公司 印刷

科学出版社发行 各地新华书店经销

*

2022 年 8 月第 一 版 开本：720×1000 1/16

2023 年 1 月第二次印刷 印张：10 1/2

字数：150 000

定价：98.00 元

（如有印装质量问题，我社负责调换）

目 录

绪　论

　　风险是现代社会的一个方面。德国社会学家乌尔里希·贝克曾将当下社会经典性地诠释为"风险社会"：风险成为人类面临的普遍问题，而这种风险是现代化的必然后果，是技术理性的伴生物。正如贝克所言，我们已经迈入一个高风险的社会，许多国家已然处于风险社会时代。科技与生态、食物与健康、宗教与文明乃至信息传播本身等，都可能成为现代社会危机的来源。

　　新媒体是现代社会的另一个方面。先进的信息传播技术将人类带入了一个崭新的媒体时代，它极大地改变了人类传播、存贮、利用信息的方式，解决了海量信息存贮和个性化信息处理的问题。从更深层的意义上来讲，它撼动了既存的世界秩序，开启了新一轮的世界重组与重构。新媒体为风险跨领域、跨时空、跨边界扩展以及与社会、文化、制度、公众心理的互动和叠加提供了可能性和途径，而且，其本身也演变为一股建构现代风险的重要力量，影响公众的风险感知和风险行为，可能带来新的社会、文化或经济变化。换言之，新媒体在当下社会中与现代风险密切联系在一起，在承载风险信息发布、传播、沟通、存贮职责的同时，也无法摆脱其作为现代风险放大机制的结构性困境。

第一节　全球：风险社会语境与新媒体环境

一、风险社会理论与现实

（一）风险社会理论溯源

风险问题在 20 世纪 50 年代之后开始引起西方社会的强烈关注，各界人士纷纷参与对风险问题的讨论，各种争论也越来越多。西方关于风险问题争论的过程也就是西方风险研究的理论自觉过程。纵观整个过程，大体经历了四个阶段。

第一个阶段为 20 世纪 50 年代，这一时期主要集中于核能安全和风险评估的争论。第二次世界大战之后，人们对原子弹爆炸所产生的巨大杀伤力仍然心有余悸，美苏两国的核竞争更使人们处于深深的恐惧之中。与此同时，美国开始着手将核能技术作为一项能源来源进行开发和使用，这更引起了人们的担忧。在这场争论中，那些负责核能的开发、市场化和调控的人员主要是将核能风险视为一种经济和政治投资的风险，从这个角度出发来考察这项新技术所可能带来的潜在危险。争论的主体是工程师、规划师、经济学家和心理学家，他们的争论集中于对风险的技术评估上，人类学家、社会学家和政治学家在这一阶段被排除在外。总体来说，这一阶段的争论为风险评估的争论，它实质上是在专家内部展开的争论。正是由于争论局限于专家内部，风险问题并没有成为让社会各界广泛关注的公共话题。

第二个阶段是 20 世纪 60 年代，这一时期的风险研究在风险评估的基础上增加了风险比较策略，并提出了社会对风险的承受力问题。这一时期的争论主体除专家之外，社会公众也参与进来，反核等社会运动的积极性高涨。这意味着风险争论不再是专家的领地，一切关注风险者或潜在受影响者都可以进入风险争论的公共领域，发表自己的看法。这样，风险研究也开始扩展到不同的社会科学领域，形成跨学科分析的综合视角，这也预示着风险研究的社会理论走向。也正是在这个阶段，尤尔根·哈贝马斯于 1962 年写出了他的一部代表作《公共领域的结构转型》。这一时期的另一个特征是全球环境问题首次成为一个新的争论主题。虽然它成为比核问题更具主导性的话题，但它并没有取代核问题反而和核问题一样成为讨论的焦点。

第三个阶段是 20 世纪 70 年代，这一阶段集中于对科技风险的分析以及从心理学层面对风险的感知机制的分析。在这一时期，争论的层面从技术—经济的争论转变为价值观和世界观的争论，风险研究不再是由专家来主导，而是由越来越多的对新技术及其后果和负面效应有了解的批评者来主宰。核能风险、公共卫生、水和空气污染等被提上议程，社会科学家开始透视这些貌似不同的问题之间的内在关联及其根源。哈贝马斯正是从生态失衡现象所凸显的当代人类的生存危机出发，提出了"合法性危机"理论。同时，这一时期，对各种潜在风险的感知都不同程度增加了社会公众对风险的焦虑感，风险研究也开始从心理学的角度来研究由风险所引发的焦虑问题。到 20 世纪 70 年代末，对风险的心理分析很大程度上成为风险问题研究的主要方向。

第四个阶段是从 20 世纪 80 年代开始到现在，侧重于对风险的跨学科解析以及对风险的社会转型分析上。1986 年发生的切尔诺贝利核泄漏事故是一个重要的转折点。这次事故使得自然环境、社会体制、科学技术、专家系统等曾被视为合理的前提假设彻底崩溃了，由此引发的极端不确定性、焦虑、冲突、对抗和差异首次为人们所关注并加以反省，风险研究不断深化，风险分析涉及社会学、政治学、文化理论等。同时，风险讨论的主题扩展到生物技术领域，参与讨论和研究的主体涉及各个领域的人员。这一时期对风险问题的研究和推理主要集中在可持续发展、生态现代化、反身性现代化、集体责任和生态政治学的框架内展开。乌尔里希·贝克和安东尼·吉登斯也正是在这一时期开创了风险社会理论。他们正是基于风险问题在全球化时代使人类社会面临前所未有的挑战，才把这一时期称作"全球风险社会"时期。

从以上四个阶段可以看出，在 20 世纪 60 年代早期，"风险"这一概念在专家关于技术和环境的争论中处于重要地位，总体上还是技术—经济层面的风险语义。到了 20 世纪 80 年代晚期，人们开始感受到风险被赋予了新的社会理论内涵。[①]

（二）风险与风险社会基本概念界定

对于如此丰富多彩的理论研究和实践论述，我们必须首先解决一些基本概念问题。

什么是"风险"？如何准确界定"风险社会"这一概念？"风险"是一个很现代的概念，是个指明自然终结和传统终结的概念。或者换句话说：在自然和传统失去它们的无限效力并依赖于人的决定的地方，才谈得上风险。风险概念表明人们创造了一种文明，以便使自己的决定具有可预见性，从而控制不可控制的事情，通过采取预防性行动以及相应的制度化措施战胜种种副作用。因而，风险实质上就是因人类活动的加入而使自然、社会等发展面临更多不确定性、不可预见性和迅速扩张性，风险不是确定发生的灾害和不幸，而是造成不稳定和灾害的可能性。

基于这样的认识，对于风险社会的认识可以概括为以下几种。第一，风险社会是指全球化的扩张，是全球性的社会风险占主导地位的社会发展阶段。第二，全球风险社会主要是人的因素，特别是工业化带来的自然破坏以及工业化的自我危害。第三，风险社会是指风险不仅停留在一个特定领域，而且可能扩张到政治、经济、社会的各个方面，即使某一局部的、突发的、偶然的事件，也可能扩散为整体性的矛盾，并因此出现连锁反应而放大后果，由此产生利益重置、结构重组，乃至风险制造者最终也无法控制其影响而成为受害者。

（三）人类已进入一个新的风险社会

风险古已有之，并非新鲜事物。自人类诞生以来，洪水、地震、冰雹等自然灾害，以及战争、瘟疫等社会风险便一直相随。无论是西

---

① 刘岩. 风险社会理论新探[M]. 北京：中国社会科学出版社，2008：17-20.

方故事中的"诺亚方舟""潘多拉盒子"，还是东方的"杞人忧天"的故事，都深深地印证了自古以来人类在与"风险"的抗争中成长发展的现实。在今天，我们强调"人与自然和谐相处"，保护我们生存的家园，无论是认同"风险社会"的学者还是批评"风险社会"的学者，都必须承认风险始终存在，而且，传统意义上的风险已发生深刻的变化。

随着现代化脚步的加快，风险已进入高发的时代。现代化的发展将人类社会迅速带入物质发展和风险爆发的时代。在这个时代，风险已不完全是人们可以直接感受的状态。有些风险的危害是不可预见的并且大多不可逆转。人类以往应对风险的经验往往失灵，没有人有绝对的把握去预测、解除这种风险，或者防范其再度发生，风险变得更加不确定、不可感知，而这种不确定具有衍生性、系统化爆发的趋势。解决风险的过程，有可能也是埋下隐患的过程。

随着经济发展脚步的加快，风险已进入全球化的时代。与传统风险只影响特定领域和人群不同，现代风险往往具有全局性、整体性的影响特点：从一点而起，发展为全球化的威胁。例如，始于美国的全球金融危机已成为全世界共同应对的风险，源于日本福岛的核辐射危机已成为全球共同关注的环境安全问题。传统风险冲出地域、国界，跨越种族，演变成为全球性的现代风险。

随着多元化脚步的加快，风险已进入平等化的时代。也许在传统风险社会时代，阶级等级不同，面对的风险也不尽相同。极具扩张性的现代风险，丰富了风险的种类、形式与影响，没有什么人能在灾难发生之时独善其身。无论贫富贵贱都无法绕开风险的影响，那些财富分配、等级划分的不平等性在风险面前部分或全部失效，由此产生新的平等。

随着科技发展脚步的加快，风险也进入主观化的时代。现代风险与传统风险的最大区别在于人类成为风险的制造者。科技进步带领人类走进新兴工业化时代、知识经济时代，使人类具有认识自然、改造自然的能力的同时，也改变了人类生存的状态。人们通过科技发展满足发展需要又在社会发展中增加了更多不确定的风险因素，科技既是人类认识、控制和解决风险的工具，也是现代风险的重要来源。同时，在工业时代，人们确信科技可以消除人类面临的风险，而今这种信任已经开始动摇。在此意义上，现代风险也具有内生性。客观来看，现代风险亦具有很强的建构性。风险既是一种客观存在，同时也是社会运作的产物，是由社会建构的，也就是说现代风险具有很强的"人为性"。

二、新媒体及其传播特征

（一）新媒体与新媒体环境

对于"新媒体"这一概念的界定，世界各国学者都有自己的见解和看法。1967 年，美国哥伦比亚广播公司（Columbia Broadcasting System，CBS）技术研究所所长 P. 戈尔德马克发表了一份关于开发电子录像商品的计划，在这份计划中第一次出现"新媒体"（new media）一词。两年后，也就是 1969 年，在美国传播政策总统特别委员会 E. 罗斯托主席向尼克松总统递交的报告中，"新媒体"一词被频繁使用。此后，"新媒体"这个词开始流行于美国社会，尤其是新闻传播界，并逐渐向全世界扩展开来。[①]

美国杂志《连线》对新媒体下过一个不算严格意义上的定义：新媒体是所有人对所有人的传播。2009 年，新传媒产业联盟秘书长王斌提到新媒体是以数字信息技术为基础，以互动传播为特点，具有新形态的媒体。[②]美国新媒体艺术家列维·曼诺维奇和新媒体教授凡·克劳思贝认为：新媒体已经不再可能是任何一种特殊意义上的媒体形式，它在实质意义上已经演变成一组数字信息，一种实现了所有人对所有人传播的信息流，或者说是一种融合了人际传播和大众传播特点的信息呈现方式。[③]清华大学教授、博士生导师熊澄宇对新媒体的理解是：

---

① 匡文波. "新媒体"概念辨析[J]. 国际新闻界，2008（6）：66-69.
② 匡文波. "新媒体"概念辨析[J]. 国际新闻界，2008（6）：66-69.
③ 胡冰涛. 新媒体背景下大学生社会主义核心价值观培养路径[J]. 连云港师范高等专科学校学报，2019（2）：69-72.

所谓的新媒体是一个处于不断变化中的概念。该概念在今天网络基础上又有延伸，无线移动的问题，还有出现其他新的媒体形态，跟计算机相关的，这些都可以说是新媒体。今天的新媒体主要指：在计算机信息处理技术基础上产生和影响的媒体形态，包括在红的网络媒体和离红的其他数字媒体形式。①同样，一些学者认为，新媒体是一个相对概念，是对随着计算机和互联网的发展而新出现的媒体形式的统称。一些新闻传播学方面的专家认为，新媒体必须有完全区别于传统媒体的基本要素，否则，就不能称为新媒体，而只是在传统媒体基础上的一种改变或者提高，是一种改革版的传统媒体。"新"是相对于"旧"而言的，在媒体发生和发展的过程中，我们可以看到新媒体是伴随着媒体的发生和发展在不断变化的。广播相对于报纸是新媒体，电视相对于广播是新媒体，网络相对于电视是新媒体。今天我们所说的新媒体通常是指在计算机信息处理技术基础上出现和影响的媒体形态。②

综合国内外各种观点，"新媒体"这一概念需要从内涵和外延两个方面来界定。内涵方面，"新媒体"是指20世纪后期随着全球科技尤其是数字技术快速发展，在信息传播领域出现的以数字为基础的信息传播媒体，其信息传播速度更快，传播方式更多样，如新闻门户网站、微博、论坛、博客、手机报等。在外延方面，"新媒体"是一种信息传播通路上的改变，包括大型电脑数据库通信系统、电子计算机通信网、互联网、高清电视、多媒体信息的互动平台以及手机等，如现在非常流行的5G手机、各种平板电脑等。新媒体以电脑、手机、电视为终端，通过互联网、卫星等渠道，向用户提供视频、音频、语音数据服务等交互式信息和娱乐服务，以此获得经济利益。从内容上来讲，新媒体既可以传播文字，也可以传播声音和图像、视频；从过程上来讲，新媒体既可以通过流媒体方式线性传播，也可以通过存储、读取方式非线性传播。这样，原有的以材质、样式、符号系统等物理

---

① 转引自杨继红. 谁是新媒体[M]. 北京：清华大学出版社，2008：10.
② 李晓宁. 新媒体环境下政府危机公关能力的研究[D]. 首都经济贸易大学硕士学位论文，2013.

形态对媒介所进行的分类和定义已经不再适用，"媒介"这个概念的外延已经大大扩展。

新媒体的出现，使受者与传者之间的界限日益模糊，可以说带来了传播界的一场革命。与传统媒体相比，虽然新媒体的发展时间还不是很长，但影响力迅速提升，其对社会和政府的影响越来越大，已经成为推动社会发展的一股重要力量。新媒体的迅速发展，已经逐渐形成了一种由新媒体主导的媒介生态环境。任何国家的任何政府都不能忽视新媒体的成长和发展，不能忽视新媒体给社会发展带来的变化，包括对社会经济、民主进程、文化发展以及人的素质提高方面的影响。

新媒体环境是指随着科学技术迅速发展而形成的以新媒体为主宰的信息环境。移动电视、手机等新的媒体形态不断涌现并逐步走向融合，成了信息传播的强动力，形成了新媒体环境。可以说，科技的迅猛发展，正在改变着媒体及媒体生态环境，数字技术成为支撑所有媒体形态存在的基础、技术标准与发展方向，正在改变着我们传统的媒体环境。信息传播也从传统媒体单一报道转变为新旧媒体融合报道，传播界限日益模糊，信息在传播过程中实现了即时、非线性、双向性的发展。

（二）新媒体的传播特征

1. 点对点的个性化订制信息

首先，传统媒体的传播形式是以点对面，传统媒体作为信息传播源以"点"的形式向广大受众这个"面"来进行信息的单向传播；而在新媒体时代，信息的传播者和接收者以点的形式进行散装分布，信息不再仅仅是单向传播，而是点对点的立体传播。

其次，传统媒体传播的信息是面向所有接收者的、大众化的，也就是说，面对传统媒体，每个受众接收的信息都是一样的，而新媒体在传播信息时则突出了"个性化""分众化"的传播特点。在新媒体时代，人们可以按照自己的喜好、需要选择信息，还可以改变信息的形式。比如，人们可以通过搜索引擎来搜集自己需要的信息，可以通过微信公众平台、短视频平台获取新闻，每天收到自己选择的新闻内容；面对同样的信息，读者既可以选择文字模式阅读，还可以选择视频收看或者音频收听。

2. 信息传播的及时性与快捷性

新媒体有着令人震惊的传播速度，这一切源于技术的进步，随着光纤通信系统的发展，信息的传播速度提高到即时同步状态。像头发丝那样细的光纤，在不到 1 秒的时间内，可以传送《华尔街日报》自创刊以来的全部内容。新媒体的出现，打破了传统媒体在时间上的限制，极大地压缩了信息传播的物理空间，具有及时传播的特点。新媒体突破了信息传播对空间的依附性，网络信息在任何一个网点引起的涟漪都能迅速波及全球，辐射到每个角落，在短时间内把信息传送给每个需要的受众。新媒体上的信息以小时甚至分钟的周期进行更替，人们足不出户就可以随时了解世界大事。

3. 信息传播从单向传播转变为多向的互动传播

以往，信息由传统媒体传播给人们，这是一种单向传播，在这种传播形式里，人们被动地接收信息，是信息的绝对受众；在新媒体环境下，人们除了可以自由选择所需要的信息外，还可以在微博、贴吧、BBS、微信朋友圈等平台自由发表意见，成为信息的传播者，信息的受者和传者之间的界限开始模糊化。

4. 信息的开放性与共享性

传播学者马歇尔·麦克卢汉于1962年首次提出"地球村"的概念。如我们所看到的那样，使"地球村"的预想成为现实的"电力媒介"就是现今迅速发展的新媒体。随着新媒体技术的发展，信息的传播已经逐渐突破了地域的限制。作为新媒体典型代表的互联网，已经将整个世界联系成了一个大整体，庞大的地球可以说已经成了一个"地球村"。新媒体给人们带来了一个开放广阔的信息海洋，信息海洋里的信息面向社会大众开放。无论何时何地，只需要滑动一下手指，方便、快捷、丰富的网络搜索功能就能为我们提供需要的信息，实现信息的全球共享。

5. 信息传播的虚拟性与匿名性

"On the Internet, nobody knows you are a dog."这句网络经典话语把新媒体的虚拟性表现得淋漓尽致。在各种新媒体工具里，传者和受者的角色基本上都是虚拟的，人们不必展现自己的真实身份，可以自由编写用户名。正如英国社会学家吉登斯所说：在互联网上，没有人可以知道其他人的真正面貌——他们是男是女，生活在哪里。①法国学者让·鲍德里亚也说过：在网络空间里，我们不再是人，而是出现在另一个人电脑屏幕上的信息。人们用虚拟的 ID 在网上自由交流，充分发表自己的看法和意见，传播自己喜欢或者对自己有利的信息。②

三、新媒体背景下的风险传播

（一）风险传播：从"科技范式"到"民主范式"

与世界大多数国家相比，我国在加速发展过程中，也面临风险：当今社会本身就是一个"风险社会"，如技术发展副作用带来的风险（如核污染、电子污染、生物产品风险、化学产品风险等）、金融风险、健康风险以及各种可能的突发事件带来的改革风险等。多种风险交织在一起、共存并大量涌现，使风险带有明显的复合特征。

贝克认为，风险是现代化进程的产物，是"系统地处理现代化自身引致的危险和不安全感的方式"③。风险本身并不是"危险"或"灾难"，而是一种危险与灾难的可能性。大众传媒作为社会信息交流系统、社会文化建构系统、社会心理疏导系统、社会管理控制系统，在风险预警、风险意识、风险教育、风险决策协商等方面发挥着举足轻

---

① [英]安东尼·吉登斯. 社会学[M]. 赵东旭等译. 北京：北京大学出版社，2006：597.
② 转引自[英]安东尼·吉登斯. 社会学[M]. 赵东旭等译. 北京：北京大学出版社，2006：597.
③ [德]乌尔里希·贝克. 风险社会[M]. 何博闻译. 南京：译林出版社，2004：19.

重的作用。"媒介化社会的一个重要特征，就是媒介影响力对社会的全方位渗透"①，生活在媒介化社会中的人，对世界的感知主要由媒介来构建。因此，受众对于风险的认知很大程度上依赖媒体对有关风险的议程设置。在某种意义上，被媒介所表征的"风险"、被公众所感知的"风险"，都属于人为的建构。

媒体有关风险问题的报道与评论就是媒介的风险传播。风险传播是在团体组织之间传播风险的程度、重要性或意义，以及管理、控制风险的决策或行为。媒体的风险传播建构了人们对风险的感知和构想，人们对风险的认知影响其风险态度和风险行为。值得注意的是，近几年的风险传播出现了从"科技范式"向"民主范式"转变的趋势。"科技范式"注重自上而下的风险信息传播，信息主要由政府和专家系统来提供，大众传媒提供了发布的渠道。"科技范式"发挥了传媒的告知、影响功能，但往往会忽视公众在风险传播中的主体地位，只是把公众看作风险信息的被动接收者，把公众排除在风险决策之外。"民主范式"则注重与公众的互动，重视民众的参与，使人人有权参与风险决策的过程。从"科技范式"到"民主范式"，意味着风险传播中公众参与度的提高。

（二）新兴媒体：风险传播公众参与的平台

新兴媒体具有即时、交互和融合的新特性。更重要的是，新兴媒体打破了个人传播和公共传播的界限，使得任何人都可以在网络的虚拟世界里发表对公共事务的看法，使人们有了及时发布信息、充分表达意见的空间，人类社会进入了自由表达的"自媒体"时代。

新兴媒体为公众参与风险信息的传播提供了新的平台。在 Web3.0 时代的大背景下，"公众新闻"的最大特点是自下而上建构，没有标准作业流程，其形式是社会语境中许多同时并存的对话——无论是有价值还是无价值的对话。论坛、聊天室、微博、微信等网络交互平台，

---

① 孟建，赵元珂. 媒介融合：粘聚并造就新型的媒介化社会[J]. 国际新闻界，2006（7）：27.

更成为民众表达民意、参与讨论国家经济社会及政治生活的重要方式。

（三）"公众参与"在风险传播中的作用

通过新兴媒体这个公共平台，公众参与风险传播的成本大为降低，公众在风险传播中的作用也日益凸显。具体来说有以下几点。

（1）风险的再现机制。公众通过微博、微信朋友圈、短视频平台等新兴媒体将各类已经发生的社会风险事件再现为文字或影像，使社会公众增强风险意识。以往大众媒体对风险的认知，往往由政府或专家系统来建构，当代风险社会中有些风险是专家系统无从感知和处理的，但是可从公众的生活经验中窥见一二。

（2）风险的定义机制。风险的定义是充满政治性的，风险的定义将决定国家政策和社会发展，并且影响风险的社会分配状态，甚至是社会财富的分配。由于风险是一种"社会建构"，因此利益各方在对风险的界定上展开竞争。新兴媒体为公众提供了表达意见的阵地，一改以往普通民众在风险界定上没有话语权的弱势局面。这一点在厦门PX项目事件上表现得相当典型。厦门市民通过手机短信、网络论坛、电子邮件、QQ群、博客等各种方式，传播和讨论与其切身利益相关的、有可能导致环境风险的PX项目。专家学者、企业、地方政府、公众等利益群体之间，围绕PX项目展开了充分博弈。公众利用新兴媒体这个舆论平台，充分表达了自己的利益诉求，而且影响了风险决策。2007年5月30日，厦门市政府宣布缓建PX项目。

（3）风险的监督机制。媒体长期以来被视为社会的"晴雨表"，而在风险社会中，这个角色更加重要。新兴媒体提供的风险信息传播平台可以将公众的声音引入政治场域的运作中，对风险定义过程和风险决策的执行过程进行全方位的监督。而且中国政府越来越重视新媒体，并将其作为了解民意、汇聚民智的重要渠道。在这样的政治背景下，通过新媒体这个渠道，依靠全民的力量对社会发展中的风险进行监测，应该说是目前比较直接和有效的一种风险监督方式。

（4）风险的沟通机制。公众参与风险传播使公民参与风险决策成为可能。公众的声音能够被专家和政府官员聆听，而且他们能够据此做出有效的反应，达到了汇聚民智、降低风险的目的。

（5）风险的扩散机制。新兴媒体的信息传播是一把"双刃剑"，在进行风险信息传播时也有可能制造"噪音"，引发信息传播失控。自媒体时代来临后，很多民间传播的风险信息没有经过核实就被随意发布出去，经由大量转载、跟帖，汇聚成强大的民意，导致风险有可能转化成现实的危机。[①]

第二节　中国：社会转型与新媒体的诞生

一、中国的社会转型

1978 年底，中国共产党召开的十一届三中全会开启了一次伟大的历史性转变，将党和国家的工作重心转移到社会主义现代化经济建设上来，做出了全面而深刻影响中国长期发展和社会变化的两大决定：对内改革和对外开放。由此，仅仅用了一代人的时间，具有五千年文明历史的中华民族经历巨变。这种变化不仅体现在经济方面，也体现在社会层面。

（一）利益主体的变化

首先，利益主体数量激增。从传统的大家庭向现代核心家庭的演化，使家庭数目激增；国有和集体企业改制转让、个体和私营经济的兴起、境外资本的涌入使企业数量激增。

其次，利益主体多元化。摆脱计划束缚、打破僵持固化的局面后，各类经济实体在规模、资金来源、经营领域、活动范围方面呈现千差万别的形态。人们的就业模式和收入来源也愈来愈多元化、灵活化。经济多元化的直接后果就是社会多元化，由过去的"两个阶级一个阶层"（工人阶级、

---

① 方雪琴. 论新兴媒体背景下的风险传播[J]. 当代传播，2009（1）：23-24.

农民阶级、知识分子阶层）到现在可以按照对政治资源、组织资源、经济资源、文化资源的占有和职业的不同，形成新的社会群体划分。

最后，利益主体意识增强。市场经济有其内在的动力机制，即个人和经济实体对自身利益最大化的追求。当市场把各类经济和社会实体转化为追逐自身利益最大化的独立体时，便割断了它们之间原有的种种伦理关系。

（二）信息来源和占有的变化

首先，外来影响加大和信息来源多元化。随着国门的开放，中国对外贸的依赖度逐步加深；人员交往和通信手段的革命使得各种信息以前所未有的速度和自由度跨境流动，人们的生活方式和价值观受到外部的强烈冲击；国际因素对国内经济、社会和政治的影响越来越大。

其次，非对称性信息占有的严重性增大。市场经济就是信息经济，谁拥有信息，便可赢得市场先机。然而，信息分布是不对称的，例如生产者和销售者比消费者更了解产品的质量。

（三）资源分配和权力关系的变化

分配向非劳动要素倾斜。计划经济时代，收入分配服从于行政决定。市场经济要求收入按"要素"（劳动、土地、资本、知识等）投入分配，与按劳动投入分配相比，土地、资本、知识等要素回报率更高、收益更快。

二、新媒体的诞生

（一）互联网的发展

在 1946 年世界上第一台电子计算机问世后的十多年时间里，电脑价格昂贵，数量极少，早期也仅仅用来科学计算。Internet 最早来源于美国国防部高级研究计划局 DARPA 的前身 ARPA 建立的阿帕网（Advanced Research Projects Agency network，ARPAnet）。现代计算机网络的许多概念和方法，如分组交换技术都来自阿帕网。阿帕网不仅进行了租用线互联的分组交换技术研究，而且做了无线、卫星网的分组交换技术研究——其成果是传输控制协议/因特网互联协议（TCP/IP协议）问世。1985年，美国国家科学基金会（National Science Foundation，NSF）采用 TCP/IP 协议将分布在美国各地的6个为科研教育服务的超级计算机中心互联，并支持地区网络，形成美国国家科学基金网[National Science Foundation Network（USA）]。1986年，美国国家科学基金网替代阿帕网成为 Internet 的主干网。1988年 Internet 开始对外开放。1991年6月，在连通 Internet 的计算机中，商业用户首次超过了学术界用户，这是 Internet 发展史上的一个里程碑，从此 Internet 迅猛发展。[1]

中国的 Internet 大致经历了以下几个阶段。

第一阶段是 1987—1993 年，也是研究试验阶段。在此期间，中国一些科研部门和高等院校开始研究 Internet 技术，并开展了科研课题和科技合作工作，但这个阶段的网络应用仅限于小范围内的电子邮件服务。

第二阶段为 1994—1996 年，是起步阶段。1994 年 4 月，中关村地区教育与科研示范网络工程进入 Internet，从此中国被国际上正式承认为有 Internet 的国家。之后，Chinanet、CERnet、Chinagbnet 等多个 Internet 网络项目在全国范围内相继启动，Internet 开始进入公众生活，并在中国得到了迅速发展。至 1996 年底，中国 Internet 用户数已达 20 万人，利用 Internet 开展的业务与应用逐步增多。

第三阶段为 1997 年至今，是 Internet 在我国发展最为快速的阶段。中国互联网络信息中心（China Internet Network Information Center，CNNIC）发布的第 49 次《中国互联网络发展状况统计报告》显示，截至 2021 年 12 月，我国网民规模达 10.32 亿，较 2020 年 12 月增长 4296 万，互联网普及率达 73.0%[2]。庞大的网民构成了中国蓬勃发展的消费

---

[1] 潘瑞芳，谢文睿，钟祥铭. 新媒体新说[M]. 北京：中国广播电视出版社，2014：78-82.
[2] 中国互联网络信息中心：CNNIC 发布第 49 次《中国互联网络发展状况统计报告》[EB/OL].（2022-02-25）. http://www.cnnic.cn/gywm/xwzx/rdxw/20172017_7086/202202/t20220225_71724.htm.

市场，也为数字经济发展打下了坚实的用户基础。当前，数字经济已成为经济增长的新动能，新业态、新模式层出不穷。

（二）手机媒体的兴起

手机媒体是以手机为视听终端、以手机上网为平台的个性化信息传播载体，它是以分众为传播目标、以定向为传播效果、以互动为传播应用的大众传播媒介，被公认为是继报纸杂志、广播、电视、互联网之后的"第五媒体"。

自从手机诞生以来，技术创新始终是推进移动通信发展的中坚力量。最先问世的是 20 世纪 80 年代初期的模拟通信（1G），进入 90 年代，欧洲开始发展数字移动通信（2G）。随着诺基亚、爱立信、沃达丰等终端厂商和运营商开始拓展国际移动通信市场，全球移动通信系统（Global System for Mobile Communications，GSM）成为全球使用最广泛的移动通信技术标准。作为 GSM 演进技术（2.5G），通用分组无线业务（General Packet Radio Service，GPRS）通过增加通信功能和提高数据业务传输能力，实现了 2G 向 3G 发展的平滑过渡。在经济全球化和市场快速发展的背景下，为了实现全球统一的移动通信标准，国际电信联盟（International Telecommunication Union，ITU）开始推行国际移动电话系统-2000（International Mobile Telecommunications-2000）移动通信标准计划。3G 也正在这一过程中逐渐流行开来。从全球移动通信市场来看，欧洲的宽带码分多址（Wideband Code Division Multiple Access，W-CDMA）和美国的 CDMA2000（Code Division Multiple Access 2000）是应用最广泛的第三代移动通信技术。

3G 移动通信网络由卫星移动通信网络和地面移动通信网络组成，是一个对全球无缝覆盖的立体通信网络，满足城市和偏远地区各种用户密度的通信，是支持语音、数据和多媒体业务的移动通信网络。2001年，全球第一个 3G 商用网络在日本正式部署，世界大多数国家在 2005年开始实现 3G 服务商用。2009 年 1 月 7 日，工业和信息化部为中国移动、中国电信和中国联通发放 3 张 3G 牌照，此举标志着我国正式进入3G时代。直至当今的5G时代，以手机媒介为代表的集成媒介终端成为人们获取资讯越来越重要的一种方式，手机可以被人们拿来听音乐、看小说、读新闻、看电视等，手机已经不仅用来“通信”，而且开始扮演传播信息和文化娱乐的新角色。随着技术的创新发展，手机移动通信技术不断推陈出新，手机已经不单纯是个通信工具，而成了一种新型的信息采集、传播和消费工具。

三、新媒体环境下政府危机传播的转型

媒介融合使得信息传播的渠道、方式和内容，相比传统媒体更加多元化、复杂化，“随时随地互动参与”的全民传播在突发危机事件中显示出了强大的威力。以网民为代表的“新意见阶层”已经结成了一个有现实影响力的虚拟“压力集团”，在诸多重大突发事件中能迅速凝聚共识，发酵情感，诱发行动，影响社会稳定。[①]许多危机事件都是缘于对网络舆情的影响力估计不足、处理不及时、应对技巧缺乏，使一些本可以平息的“茶壶里的风暴”逐步演变成大规模的公共危机群体事件，给一些地方政府依法行政和和谐社会建设带来冲击。提高这些地方政府相关部门的危机传播能力，推动良政和善治，已经是当务之急。在媒介融合时代，政府危机传播必须从传播观念、传播方式和传播话语三个方面实现全方位的转型。

（一）实现政府危机传播观念的转型

参与式传媒环境意味着公民通过自我“赋权”在危机传播格局中占据重要地位，如果政府在公共危机处理中思想僵化，沿用以往的经验，忽视公民传播的力量，很有可能造成事态的恶化。事实上，在微博时代，公民只要带着手机就能成为即时报道的“记者”，通过多媒体手段随时发布危机事件的真相。

① 刘行芳. 社会情绪的网络扩散及其应对[J]. 新闻爱好者，2011（12）上：36-37.

（二）实现政府危机传播方式的转型

媒介融合时代政府危机传播正在步入一个话语权争夺的公关时代。政府有时也需要在"众声喧哗"的舆论场中使用各种公关手段竞争，通过协商对话达到价值观的认同。在一些危机事件中，某些地方政府并没有很好地利用新媒体来进行危机信息的传播，在竞争话语权的过程中处于非常被动的地位。有些地方政府部门争开微博、微信公众号、抖音账号以及推行网络发言人制度就是一条加强与民众沟通、争夺话语权的新途径。2009年11月21日，云南省政府新闻办公室开通"微博云南"（现在更名为"云南发布"），赢得"中国第一家政府微博"的称号，截至2022年7月中旬，"粉丝"已超过520万人，内容以公布政情为主。从2010年2月24日开始，广东省21个地级市及省公安厅的官方微博相继开通。广州市公安局的官方微博"广州公安"曾对一起枪击事件的整个过程进行了全程现场直播，第一时间发布了公安机关权威的准确消息，当天有25万余人在新浪微博上关注了这个话题，位居当日新浪微博话题榜榜首。

（三）实现政府危机传播话语的转型

对于政府来说，与民众的沟通不只是信息发布，而是需要掌握一定的话语表达策略，"达于耳入于心"才能使民众理解并认同公共目标和价值。在危机事件发生后政府的任何不当言行都可能引发群体性事件。如在2009年"邓某娇案"中，当地政府的危机话语表达方式很不专业，严重影响了当地政府的形象和公信力，主要表现在以下三个方面：一是第一时间的信息发布过于随意，在给媒体的两次通告中使用了不一致的言辞，比如"按倒"改为"推坐"，"特殊服务"改为"异性洗浴服务"，造成舆论场的混乱；二是官民网络互动差，没有利用新媒体渠道及时澄清事实，引导舆论，在当地县委、县政府主管的网站——长江巴东网的民声民情留言板上，论坛的管理员对有关此案的帖子一概不予回答；三是缺乏应对网络舆情的专门机构和人才，新闻发言人的网络沟通能力有待加强。

第三节　新媒体环境下的政府危机公关研究概况

一、国外研究概况

国外对危机公关的研究最早是从危机传播开始的，西方许多学者早期将危机公关与危机传播联系在一起进行比较分析。如美国学者乔纳森·伯斯泰瑞就认为，从更为专业的角度来分析，危机公关也可以称为危机管理或者危机传播。班尼特还提出了形象修复论，指出应该从战略高度去维护政府声誉和公众利益，并总结了几种策略：否认、逃避责任、减少错误行为传播的广度、亡羊补牢和自责。[①]针对解决危机，美国马里兰大学的詹姆斯·格鲁尼格教授认为危机传播都开始于危机爆发之前，政府在做出决策之前，与公众做好沟通才是危机得以解决的最有效办法。[②]

早期的西方学者对政府危机公关的研究大都是包含在危机管理的研究过程当中的，专门针对政府危机公关方面的研究并没有。对危机管理的研究主要开始于20世纪60年代的"古巴导弹危机"，"危机管理"这一概念在那个时期被美国学者所提出。西方危机管理理论首先在国际政治和外交领域取得了突破。查尔斯·赫尔曼提出了国际关系的危机管理，强调危机发生时要重视国际上的沟通，后来其研究逐渐转向社会领域；[③]刘易斯·科塞指出不仅政治领域容易发生冲突，社会领域的风险也在增加，政府必须运用各种危机管理手段去化解社会冲突。[④]

20世纪90年代，作为突发公共危机的集中爆发期，政府如何策划危机公关，通过与公众的良好沟通取得相互支持，从而解决好危机成为当时

① William L. Benoit. Image Repair Discourse and Crisis Communication[J]. *Public Relations Review*, 1997, 23(2): 177-186.

② 徐妮娜. 网络环境下的政府危机公关研究[D]. 中国地质大学学士学位论文, 2017.

③ Charles F. Hermann. *International Crisis: Insights from Behavioral Research*[M]. New York: Free Press, 1972: 102-110.

④ Lewis A. Coser. *The Functions of Social Conflict*[M]. New York: Free Press, 1976: 58-185.

整个国际社会关注的重要议题。尤其是美国遭遇"9·11"事件之后，国际学术领域将危机公关作为一门独立学科进行研究，并成立相关研究机构，危机公关成了各国政府及整个国际社会关注的重点。就研究范式和理论架构而言，多年来国外对危机公关的研究已经相对成熟，集中体现在以下几个领域。

国际关系研究。关注国际社会体系和结构的改变对国家行为产生的影响，以及关注这种影响对国际沟通环节的作用的研究。即使是当今社会，国际关系和政治层面上的危机公关研究也具有非常重要的理论实践意义。[①]

灾难研究。西方学者认为灾难既包括自然灾难，也包括人为因素酿成的灾难。一方面，研究诸如暴风雪、海啸等自然灾害的防治、救护、恢复重建等方面的内容；另一方面，研究类似"水体污染"等人为因素造成的灾难，重点体现在做好沟通、缓解紧张局面，以及灾难事前预防及事中救治等方面。

社会冲突研究。这是社会学与政治学的传统领域，研究成果相对较多。该领域主要针对社会冲突与政治安定等方面，拉塞尔·戴尼斯的研究主要体现在社会冲突发生过程中，政府如何有效发挥其公关职能，调整社会、政府及广大公众之间的关系。[②]

公共管理研究。该研究领域主要从公共关系和行政管理的角度来探查领导者如何应对危机、处置事件。代表人物有理查德·辛德尔和格雷厄姆·艾利森等。辛德尔在公共关系研究中对决策研究提出了普遍的外交决策模式[③]，艾利森则提出了三种沟通模式——理性沟通模式、组织机构沟通模式和官僚政治沟通模式，他还指出除了以上三种常规沟通模式外，还有危机决策沟通模式，即集权决策模式，集权决策模式常

---

① 刘长敏. 危机应对的全球视角：各国危机应对机制与实践比较研究[M]. 北京：中国政法大学出版社，2004：25.

② R. R. Dynes. *Organized Behavior in Disaster*[M]. Lexington: Health, 1990: 335-340.

③ Richard C. Snyder, H. W. Bruck, B. Sapin. *Foreign Policy Decision-making: An Approach to the Study of International Politics*[M]: New York: The Free Press, 1992: 60-68.

常采用控制论的沟通模式。[①]另外，学者约翰逊还从公共管理主体政府角度来表述危机管理主体行为选择取向，并提出了责任性问题。[②]

总体来看，国外危机公关研究是一个持续深入、不断发展的研究过程，由对危机管理的研究细化为对政府危机公关的独立学科研究；是一个从单一学科向多学科研究发展的研究过程，由单一的政治学方法的研究逐步发展为政治、管理、社会、数学、传播等多领域、多层次学科方法的综合研究。

二、中国研究概况

（一）有关政府危机公关的研究

我国开始对危机公关进行研究的时间要晚于西方国家，最初对该领域的研究也是从危机的传播方面开始的。直到 20 世纪 80 年代，国内才逐步开始研究危机管理，目前国内有关危机管理的研究进行得如火如荼。

国内学者对公共危机研究可以追溯到刘斌、刘家顺等承担的国家哲学社会科学"八五"重点课题规划的研究项目"政策科学研究"，其中涉及了公共危机与政府责任问题。1998 年中国人民大学许文惠、张成福教授主编的《危机状态下的政府管理》第一次比较系统地对公共危机管理进行研究，该书也成为我国第一本研究公共危机的著作，它的出现标志着我国开始对国内公共危机进行系统的理论研究。随后，一些相关研究课题逐步涌现。《持续发展导论》（1994 年）、《问责性、绩效与治理》（2005 年）等著作先后对我国的公共危机处理及政府的社会责任进行了深入研究。

2003 年"非典"之后，我国政府和学术研究机构都开始涉足公共危机和危机公关方面的课题研究，这可以看作政府危机公关在我国全

---

① Graham T. Allison. *Essence of Decision: Explaining the Cuban Missile Crisis*[M]. Boston: Little Brown, 1991: 245-251.

② 孙多勇，鲁洋. 危机管理的理论发展与现实问题[J]. 江西社会科学，2004（4）：138-143.

面起步。对于政府危机公关，不同的专家学者都提出了自己的观点，综合来看主要有以下几种观点。

第一种是以朱德武教授为代表的制度论。这种观点在目前的学术界占主导地位。在《危机管理：面对突发事件的抉择》（2002 年）一书中他提出：由近年来发生的一系列危机事件以及政府的处置措施不到位可以看出，完善和健全危机处理体制需要依靠政治、制度经济和组织管理等学科理论进行剖析。①

第二种是以刘长敏为代表的经验论。在《危机应对的全球视角：各国危机应对机制与实践比较研究》（2004 年）一书中，她既总结了我国近年来政府危机管理的经验教训，也通过对西方发达国家在危机公关上的成功经验及制度建设的研究为我国提供了借鉴。②

第三种是以孔德元为代表的公共关系论。在《政府与公关》（1996 年）一书中，他提出政府在危机公关活动中应该科学运用公共关系理论为解决危机出谋划策——赋予公民大众合理的知情权，获取公众的理解和支持；巧妙运用公共关系艺术，协调好危机管理的外部环境，以达到增强中心合力、减少危机处置成本的目的。③

第四种是以孙玉红为代表的全面整合论。在《直面危机：世界经典案例剖析》（2004 年）中，孙玉红等认为：现代公共危机都具有复杂性和多样性，单单依靠某项资源和模式已经不能彻底解决复杂的危机，而从大方面讲，危机公关的能力主要取决于多种因素的相互配合和作用。④

（二）有关新媒体环境下政府危机公关的研究

伴随着信息媒介的诞生和发展，众多研究者开始注意以互联网、

---

① 朱德武. 危机管理：面对突发事件的抉择[M]. 广州：广东经济出版社，2002.
② 刘长敏. 危机应对的全球视角：各国危机应对机制与实践比较研究[M]. 北京：中国政法大学出版社，2004.
③ 孔德元，张岩松，吕少平. 政府与公关[M]. 青岛：青岛出版社，1996.
④ 孙玉红，王永，周卫民. 直面危机：世界经典案例剖析[M]. 北京：中信出版社，2004.

手机等信息媒体为主要对象的新沟通模式在政府危机公关中的运用，但目前的研究相对比较分散，散见于舆情研究、新媒体研究和电子政务研究等领域。根据学者的研究重点和观点，大体可分为"制度学派"、"模式学派"和"技术学派"等学术潮流。

　　制度学派。主要侧重于用完善立法、建立行政规章等手段，从制度上保障和规范新媒体在危机中的活动和作用。郭乐天主张用法律手段控制网络谣言传播。①黄宏提出了从制度上限制垃圾和虚假手机短信，让用户不再被动接收信息的观点。②

　　模式学派。主要侧重于对网络和手机等媒介在危机传播过程中的功能特性和传播模式进行研究。谢新洲用实证调查的方法，验证了大众传播"议程设置"理论同样适用于网络媒体。③杜涛分析了危机传播中网络舆论的演变路径，得出了浅显转化、反馈互动和衍生发展的三模式。④

　　技术学派。大多主张利用技术，特别是电子政务、通信技术等手段，来实现危机管理的升级和控制。学者们主要从电子政务的角度来研究和分析网络媒介在危机公关中的作用。电子政务，是指政府借助信息化和网络通信手段，将管理与服务通过网络手段集成，在互联网上实现组织结构和工作流程的电子化。周春燕把公共危机管理视为电子政务的一部分，认为利用电子政务平台搭建起来的计算机网络要建立与之相适应的危机管理体系，这样可以切实有效地对危机的预防和治理全过程进行高效的管理和控制。⑤张传芹等论述了电子政务对我国政府危机管理系统的影响，包括政府信息横向和纵向共享等。⑥

① 郭乐天. 互联网虚假信息的控制与网络舆情的引导[J]. 新闻记者，2005（2）：23-26.
② 黄宏. 试论手机媒体的负面影响及控制[J]. 新闻记者，2004（5）：27-30.
③ 谢新洲. "议程设置"在互联网环境下的实证研究[J]. 中国记者，2004（2）：66-67.
④ 杜涛. 网络舆论的演变特征分析[J]. 新闻爱好者，2005（1）：37.
⑤ 周春燕. 基于电子政务条件下的公共危机管理系统研究[J]. 苏州大学学报（哲学社会科学版），2005（2）：121-124.
⑥ 张传芹，方磊，张文卿. 构建信息化时代政府危机管理系统的理论架构[J]. 科学学研究，2004（Z1）：50-55.

第一章
政府危机公关的基本概念与理论来源

随着时代的变迁和社会的发展，工业化与现代化所带来的风险已经成为社会中的基本元素，民众和各类机构组织随时可能遭遇来自自然气候、社会冲突、疾病瘟疫等各方面的突发性风险。当风险扩大和蔓延导致公共危机出现时，又常常难以通过社会自适应系统来消除，必须依赖公共机构的组织和动员，而政府在其中处于核心地位。风险社会视野下政府危机公关成为广受关注的议题，而基于互联网技术普及和应用的信息化社会的出现又塑造了一个更为复杂的信息传播环境与媒介生态环境，由此所带来的新变化使得有必要在研究开展之前对相关基本概念和状况进行梳理，分析其理论来源并对国外相关情况进行总结和介绍。

第一节　政府危机公关概论

危机公关是危机管理的重要部分，从狭义上来说，政府危机公关是政府在面临危机事件时所采用的方法和手段，通过与对象的沟通、协调，化解风险，重塑形象。从广义上来说，危机公关应该是政府在管理过程中所形成的危机处理机制，其中既包括对危机的预防也包括对危机的处置。新媒体的出现为政府危机公关带来了新的挑战，原有的危机管理体系是否能够沿用？新的信息环境给传播活动带来哪些变化？这些新问题的出现为政府危机公关研究带来了新的课题。在对新媒体环境下政府危机公关这一命题开展研究之前，有必要对其中涉及的概念进行界定和厘清。

一、政府

（一）政府的概念

在此项研究中，政府是开展危机公关活动的主体。狭义上的政府指除立法、司法部门以外的行政权力机关，而本书所言的政府是一个广义的概念，指以政府部门为主体的公共部门集合，是一个国家内行使国家权力的全部组织体系。

中国古典文献中，"政府"通常被用来指代中枢治政场所，是"政务（政）"与"处所（府）"的结合。到了近代，中国政治学的开拓者邓初民说："由于国家权力的运用，必须会发生出一系列的立法、行政、司法等的政治行为，要司掌这些行为，必须有立法、行政、司法等政府机关（中央政府、地方政府），设官分职，各司其事。这就是政府明确质直的说明。那么，政府不过是执行政治任务运用国家权力的一种机关罢了。"[①]对于国家和政府的区别，杨幼炯指出："国家是为增进共同目的，满足共同需要，有政治组织的人或团体；政府则是陈述、表示和实现国家意志的代理机关、官吏或组织之总称。政府是国家所必不可少的机关或代理者，但它并不是国家本身，就如一个公司的董事会不是公司的本身一样。国家是一个由人民所组织而成的政治社会，不受外来的统治，对内完全自主。政府就是国家表示意志、发布命令和处理事务的机关。"[②]狭义的政府则指中央和地方各级国家权力机关的执行机关，即国家行政机关。正因为这样，在中国人眼中，政府与国家是密切联系的，政府既包括静态的组织机构，又涉及动态

---

① 邓初民. 新政治学大纲[M]. 北京：商务印书馆，2017：147.
② 杨幼炯. 政治科学总论[M]. 台北：台湾中华书局，1967：322.

的权力运行方式。

在西方文献中，government（政府）作为专用词也出现得很早。柏拉图在约公元前 4 世纪写的《理想国》中就提出了政府就是国家的统治机器。美国人罗杰·威廉斯被认为是对政府最早下定义的学者，他在 17 世纪中叶就说过：政府是表达社会意愿的具体机构，是为公众服务的联合体，目的纯粹在于增进人民的福利。①英国思想家约翰·洛克指出：政府是人们自愿通过协议联合组成的共同体，共同体的权力属于其中的大多数人。政府就是代替大多数人行使权力的裁判。与洛克的观点相似，让·雅克·卢梭认为政府其实只不过是主权者的执行人，是人民与政府之间的一个中间体，以使两者互相适应。在这个"中间体"或"共同体"里，一切权力属于人民，政府是权力的执行者，这也是西方社会普遍接受的观点。约翰·斯图尔特·密尔在《代议制政府》中，将政府称为"政府机器"，这台机器包括立法、行政、司法等部分。英国《大众百科全书》对政府的定义是：由政治单元在其管辖的范围内制定规则和进行资源分配的机构。②

由此可见，政府通常被认为是被赋予了执行和管理权限的机构的总和，是国家机器、工具和代理者。现代意义上的政府权力来自民众，是民众行使权力的委托或代理机构。

（二）西方政府的类型

在西方社会各个发展阶段，基于不同的政治经济条件，政府有不同的组织形态和运作模式。从政府行政职能演变和管理模式变化的发展轨迹来看，可将其分为统治型政府、管理型政府和治理型政府。

1. 统治型政府

在以土地资源为核心、以血缘关系为纽带的农业社会，自给自足的自然经济是主要经济形态。民众以财产、血缘、职权等因素为评价

---

① 沈荣. 当代中国政府与过程[M]. 天津：南开大学出版社，2008：2.
② 谢庆奎. 政府学概论[M]. 北京：中国社会科学出版社，2005：10.

条件，构筑出一个等级分明的特权社会。"在那个时代，家庭、宗族、村社和城邦等群体形式耸立于个人之上，并先在地为个人赋予了确定的社会身份。"①"农业社会的'统治型国家'的治权完全掌握在领主（贵族）或皇帝（君主）手里，领主或皇帝及其王室成员、派出机构和人员在实质上组成了朝廷（即'统治型政府'），君王的统治利益正是通过朝廷对全社会的治理来实现的。"②此种社会背景下，统治者将管理对象视为自己的"财产"，政府管理也就成了私人管理的延伸，绝大多数被管理者被剥夺了参与管理的权力，少数被吸纳进官僚体制当中，成为"王权"统治的服务人员。总而言之，统治型政府所蕴含的基本逻辑是"国家本位主义"，即承认"社会之上有一个独立的国家实体，国家是掌握在统治者手中的，而统治者又有着自身的特殊利益要求，政府无非是服务于这种特殊利益的"③。

集权式统治是统治型政府的基本方式。进入工业化文明之后，虽有部分国家采取过类似管理模式，但都受各种原因影响经历了政府更迭。政府的统治职能开始被管理职能所取代，管理型政府成为现代国家的主要行政模式。

2. 管理型政府

管理型政府的建立基于"国家"与"政府"的分离，具体行政理念来源于企业管理理论，其理论主要包括弗兰克·古德诺的政治与行政二分法思想、弗雷德里克·泰勒的科学管理理论和德国社会学家马克斯·韦伯的科层制理论。在伍德罗·威尔逊对政治与行政进行切分的基础之上，古德诺进一步对二者功能进行了论证，所有的政府体制中都存在着两种主要的或基本的政府功能，这两种功能分别就是：政治与行政。④泰勒的科学管理理论把科学化、标准化、规范化的管理原

① 张凤阳. 现代性的谱系[M]. 南京：南京大学出版社，2004：20.
② 郑家昊. 论政府类型从"统治"到"管理"的转变[J]. 天津行政学院学报，2013（3）：13.
③ 张康之. 公共行政中的哲学与伦理[M]. 北京：中国人民大学出版社，2004：218.
④ ［美］弗兰克·J. 古德诺. 政治与行政[M]. 王元，杨百朋译. 北京：华夏出版社，1987.

则发挥到了极致，并被恰当地运用到现代政府的模式设计中，使现代政府步入了一个科学化的完善阶段。韦伯的理论认为，社会管理，特别是政府是一个按照科层管理的理论来建立的行政机构。在政府与社会关系之间，强调的是一种管理、管制，强调的是公民对政府的服从、下级对上级的服从。传统科层制政府虽然对国家的政治稳定、经济和社会的发展起到了不可忽视的作用，然而，管理者们经常以一种高高在上的姿态为公民提供服务，公共行政的公平、民主、效率等精神没有充分体现。[①]韦伯所提出的系统化、科学化、理想化的现代体制模式，为管理型政府行政运行体制的构建奠定了基础。

西方国家政府管理的主题总是围绕着"政府"与"市场"的关系展开，基于其中政府职能的认定差异，管理型政府又可分为"自由保护型"与"主动干涉型"两种模式。前者以自由主义理念为核心，强调发挥市场这一"看不见的手"的作用，信奉"管得最少的政府是最好的政府"的原则。在此之中，政府的主要职能是保护市场机制、维护市场秩序，为经济活动开展提供一个安全、有序的环境，因此这种自由放任式的政府管理模式又被称为保护型模式。19世纪末到20世纪初，资本主义国家经济危机频繁爆发，在凯恩斯主义的影响下，政府开始尝试对社会经济活动进行干预。在应对经济危机时，国家全面干预的政府管理模式获得了巨大成功，由此引发了西方国家政府管理的重大变革。然而到了20世纪70年代，政府管理向"自由保护型"回归，两种模式处于切换的状态，以应对不同国家的各自情况。

20世纪90年代后，西方一些国家对政府公共事务管理模式进行了新的探索，引入了"治理"（governance）的概念，"更少的统治，更多的治理"（less government，more governance）成为一些西方国家改革与发展的口号。国家治理理论也随之为中国学界所重视，进行引介和论述，相关理念被吸纳进入政府改革体系和规划之中。十八届三中

---

① 竹立家. 中国公共行政[M]. 北京：红旗出版社，2007：20.

全会通过的《中共中央关于全面深化改革若干重大问题的决定》中明确提出，全面深化改革的总目标是完善和发展中国特色社会主义制度，推进国家治理体系和治理能力现代化。[①]中共中央总书记、国家主席、中央军委主席、中央全面深化改革委员会主任习近平 2021 年 5 月 21 日下午主持召开中央全面深化改革委员会第十九次会议，审议通过了《关于完善科技成果评价机制的指导意见》《关于进一步减轻义务教育阶段学生作业负担和校外培训负担的意见》《深化医疗服务价格改革试点方案》《关于深化生态保护补偿制度改革的意见》《关于在城乡建设中加强历史文化保护传承的若干意见》。

3. 治理型政府

政府治理理论在西方兴起的背景是社会自治领域的逐渐扩大，"国家"一元核心权力结构受到冲击。治理型政府，是在管理型政府基础上发展而成的一种新的行政模式，"作为国家对社会实施治理的公共权力机构，政府由高居于社会之上的公共权力机构，转变为社会众多权力主体之中处于主导地位的协调者、引导者，政府组织结构也开始由等级制金字塔式的管理结构逐步向网络化扁平式的治理结构转变"[②]。治理模式是继"管理"模式之后的又一次重大革新，它的建立基于对人自主性的肯定和对社会力量的认同，要求政府由单一主体管理演变为参与式、互动式的多元主体治理。政府从管理者变成组织者和协调者，成为国家治理体系的一个部分，权限范围压缩、行政方式发生根本性变革。

在政府职能方面，治理型政府要求从全能政府到有限政府进行转变，赋予民众参与政府事务的权利，拓宽民众参与政府决策的渠道。权力的转移和下放，也成为治理型政府与统治型政府、管理型政府的最大区别。从政治学理论看，统治与治理主要有五个方面的区别。其

---

① 中共中央关于全面深化改革若干重大问题的决定. [EB/OL]. （2013-11-15）. http://www.gov.cn/jrzg/2013-11/15/content_2528179.htm.

② 顾平安. 政府发展论[M]. 北京：中国社会科学出版社，2005：224.

一，权力主体不同。统治的主体是单一的，就是政府或其他国家公共权力；治理的主体则是多元的，除了政府外，还包括企业组织、社会组织和居民自治组织等。其二，权力的性质不同。统治是强制性的，治理可以是强制的，但更多是协商的。其三，权力的来源不同。统治的来源就是强制性的国家法律，治理的来源除了法律外，还包括各种非国家强制的契约。其四，权力运行的向度不同。统治的权力运行是自上而下的，治理的权力运行可以是自上而下的，但更多是平行的。其五，两者作用所及的范围不同。统治所及的范围以政府权力所及领域为边界，而治理所及的范围则以公共领域为边界，后者比前者要宽广得多。①从无限政府到有限政府、从集权到分权、从科层制到扁平化、从封闭到开放是治理理论指导下的政府管理变革的趋势和方向。

不同类型的政府遭遇的公共危机可能具有不同的成因、表现和对策，对政府类型和运作模式进行梳理有利于针对性地解决危机公关中面临的问题。在对具体危机事件进行分析研判过程中，应充分考虑这一因素，才能建立相应的危机防控体系，提出有针对性的策略。

二、危机与危机公关

"危机"是一个常常被混淆使用的概念，什么是危机？危机具有哪些特征？危机公关与公共关系有何区别和联系？对这些基本问题进行探讨，是政府危机公关研究的理论根基。

（一）危机的定义与特征

"危机"一词在中西方文献中都早有出现，在社会发展的不同阶段和不同的学科领域，有着不同的含义。

1. "危机"意义的历史考察

在汉语中，"危机"一词由"危"和"机"两个汉字组成，二者

---

① 俞可平. 推进国家治理体系和治理能力现代化[J]. 前线，2014（1）：5-8，13.

可单独成词且各具含义。从汉语言文字学角度，"危"字小篆字形上面是"人"，中间是山崖，下面是腿骨节形。人站在山崖上，表示很高。在古文献中，危含有恐惧、危险、危难、偏颇、强劲等意思，综合来看，与危机相关的含义有两个：一是对安全的否定，即字义上和"安"相对；二是特定主体使特定对象处于不安全的状态，"危"是对特定行动、对象和后果相互关联的价值评价。同样，文献中"机"的含义也很丰富，有时机、机巧、事物变化的关键等意思。从两字的合并使用，可以看到古人是以发展的眼光看待危机的，认为危险和机遇并存，"危"的出现可能成为事物变化的关键环节，这对危机的定义有重要的借鉴意义。

在西方，"危机"（crisis）本是一个医学术语，最早起源于希腊语中的 krinein 一词，意指人濒临死亡、游离于生死之间的状态。后经过拉丁语的传播发展，在14—15世纪转变为英语的 crisis，并出现非医学用法。《朗文当代高级英语辞典》中的解释是巨大的危险、困难或者情况不明的关键时刻。[①]与中国古代相比，西方的"危机"语义强调了"瞬间""时刻"，强调了危险中所含有机会的"瞬时性"特点。

在研究范畴，危机的定义有了更准确的概括。赫尔曼认为，危机就是一种情境状态，其决策主体的根本目标受到威胁，要改变决策，可反应时间很有限，其发生也出乎决策主体的意料。[②]劳伦斯·巴顿说：那些能够预防的"危机"只能称为问题，只有那些无法预知的、被忽视的、具有颠覆力的意外事故，才能算得上是真正的危机。[③]乌里尔·罗森塔尔等认为，危机就是对一个社会系统的基本价值和行为准则架构产生严重威胁，并且在时间紧迫和不确定性极高的情况下必须对其作出关键决策的事件。[④]斯蒂芬·巴顿认为危机是"一个会引起潜

---

① 朗文当代高级英语辞典：英英、英汉双解[M]. 朱原等译. 北京：商务印书馆，1998：353.

② Charles F. Hermann. *International Crises: Insights from Behavioral Research*[M]. New York: Free Press, 1972.

③ 劳伦斯·巴顿. 组织危机管理[M]. 符彩霞译. 北京：清华大学出版社，2002：3.

④ Rosenthal Uriel, Charles Michael T. *Coping with Crises: The Management of Disasters, Riots and Terrorism*[M]. Springfield: Charles C. Thomas, 1989.

在负面影响的具有不确定性的大事件，这种事件及其后果可能对组织及其人员、产品、服务、资产和声誉造成巨大的损害"。他把危机规定为有这些特性的状态：一是惊奇，二是对重要价值的高度威胁，三是需要在短时间内做决定。[①]国内学者薛澜等认为："危机通常是在决策者的核心价值观念受到严重威胁或挑战、有关信息很不充分，事态发展具有高度不确定性和需要迅捷决策等不利情境的汇聚。"[②]以上对危机的定义虽各有侧重，但对其所蕴含的突发性、不确定性、关键性有着共同的认识。

2. 本书对危机的定义

本书将危机定义为一种状态或形势。在这种状态或形势中，一方面，一个社会系统的基本价值和运行体系受到严重威胁，影响涉及公共利益和公众心理、社会群体和公共领域。在时间压力和不确定性极高的情况下，需要政府和社会迅速作出应对，以最大限度降低或消除其危害。另一方面，这种状态不仅带来威胁，也孕育着发展的契机。我们必须指出的是，危机不等于危机事件。虽然，众多的国内外学者都倾向于将危机最终定义为事件，但危机事件只是危机的具体表现形式。我们在这里将危机定义为状态，是因为在危机中，人们面临的挑战不仅是会造成损害的事件，而且是由这个事件延伸到多个场域的复杂困境。正是因为如此，我们谈危机公关不仅是对于危机事件本身的处理和平复，而且涉及对威胁组织生存环境相关的一切因素的改造和修复。

在政府危机公关这一研究范畴中，政府所面临的危机大致可以分为两类：其一外生型危机，政府处理和化解由自然因素、突发状况、疫情事故等带来的社会危机；其二内生型危机，政府应对自身由于机构或人员举措、言行等所引发的公众的质疑、对立和反抗等带来的危机。外部危机解决不当同样会引发政府的信任危机。总之，本书所针

---

① [澳]罗伯特·希斯. 危机管理[M]. 王成，宋炳辉，金瑛译. 北京：中信出版社，2001：19.
② 薛澜，张强，钟开斌. 危机管理——转型期中国面临的挑战[M]. 北京：清华大学出版社，2003：25.

对的政府"危机"是指政府所面临的将直接影响到政治稳定、经济发展以及社会正常运行，或者可能对政府的公众信任度与支持率带来负面影响的形势或状态。

3. 危机的特征

第一，突发性。危机是非常态的，它的发生有悖于生活常态，难以预测，又来势迅猛，其爆发的时间、地点、方式和种类以及影响的程度常常超出人们的常规思维，同时在事件中不断出现的新情况也往往是无章可循的。虽然危机本身是一个过程，但是它们被人们感知的时候，往往以某个突发事件为开端，表现出"突发性"的特点。从逻辑上讲，突发事件不一定会形成危机，但危机首先是突发事件。

第二，特殊性。危机与人们的日常生活相比具有特殊性，它偏离人们正常生活的形式，常以新的面目出现。对于面对危机的主体来说，危机具有新颖的特征，需要他们去探视危机现象，不断获取相关信息，深化对危机的认识。

第三，破坏性。危机的出现是一个渐次增强的过程。如果任由其发展，微小事件也可能发展成重大危害事件，严重影响特定主体的利益。所以这一性质迫使特定主体必须充分认识危机现象、掌握危机规律，并拿出行动来应对危机局面。

第四，扩散性。危机如果没有在第一时间得到处理，容易向更大范围扩散。尤其是在新媒体环境下，信息发布及传播的自由度和速度要远远高于传统媒体时代，使事件能够在较短时间内由区域性事件演变为全局性事件，并获得广泛关注。

第五，模糊性。危机来临之时常常伴随大量的未经证实的信息，这些信息使人们在短时间内难以看清危机的本质和细节，对危机的出现和后果持有怀疑性。当这种危机关联自身的时候，人们通常的选择是"宁可信其有，不可信其无"。

（二）危机公关与政府管理

1. 危机公关的定义

危机公关的概念来自企业。1906 年，艾维·李对工业矿井崩塌事故的成功解决，被看作危机公关的最早案例之一。公共关系学认为，当发生危机事件时，原本对外沟通良好的组织，会比沟通不良的组织承受更轻的财务与形象损失。狭义的危机公关，是公共关系学中的一个概念，主要指当组织遇到信任、形象危机或者工作失误时，通过一系列的公关活动来获得社会公众的谅解，进而挽回影响的一项工作。总的来说，它所处理的危机事件类型有所限定，并且着重于对已发生事件的处理，而不含对未来危机的预警工作，工作范围较小。广义的危机公关又分为两种理解。第一种是指从公共关系角度对危机的预防、控制和处理。比起狭义的危机公关，它加入了事前的预防工作，使危机公关工作更加全面、完整。第二种广义的危机公关，亦可理解为危机管理。它是一种比较宽泛的概念，所有关于危机处理的战略、战术都可包含在内。比起前者，这种定义将危机公关的工作范围拓展到了最大。[①]

2. 政府危机公关定义

政府危机公关作为危机公关的特殊形式，具有危机公关的一切基本要素特征。对它的界定同样有广义与狭义之分。

广义的政府危机公关源自实践，就是指政府为应对危机、重塑形象进行的危机预警、处理和化解等各种公共活动，即将政府应对危机所采取的与社会各界发生联系的活动都包括在内，如制定政策、发布新闻、对话沟通、开展援助行动等。狭义的政府危机公关是危机管理的关键环节和主要内容，在危机管理中发挥核心作用。此类危机公关活动主要从公共关系的角度出发，仅指使用公共关系手段对危机事件进行处理，通过与公众进行传播沟通、协调关系，以求得谅解支持、

---

① 游昌乔. 危机公关[M]. 北京：北京大学出版社，2006：18.

化解危机、重塑形象的过程。本书的政府危机公关是从广义的角度来开展讨论的，认为政府危机公关是国家以政府为主体的公共部门为了避免或减轻危机所带来的损害与威胁，有计划地制定和实施相应的办法措施，以达到运用各种手段化解风险、缓解压力、解决问题的目的。

3. 政府危机公关与危机管理

危机公关（crisis public relations）与危机管理（crisis management）概念并非完全等同。公共管理理论认为，危机只能"管理"，即尽力减少其危害，而不能"彻底消除"。广义的危机管理要求政府针对组织自身的情况和外部环境，分析预测可能发生的危机，然后制定出相应措施，预防危机的产生；一旦危机发生也能积极应对并化解，重新恢复信誉。危机公关是对危机事件进行处理，它与危机处理比较接近，因为任何一类危机的处理实质上都可以看成公共关系的处理，都必须做好与这一事件中相关公众的协调与沟通。此外，政府危机公关和危机管理还存在以下差异。

第一，行动理念差异。政府危机公关植根于公共关系理论，强调政府公关对象（公众）的作用以及与政府间的互动关系的重要性，强调公关传播的重要性，多采用公共关系中的技巧性协调和沟通机制解决问题，手段多样、主体多样、关系复杂。危机公关是对已经发生的危机事件进行处理，它与危机处理比较接近。政府危机管理植根于管理学及其行政管理学分支的理论，以政府为主导采用一般和行政管理学的技术和方法处理现实中的问题。

第二，行动目标差异。政府危机公关的目标是实现政府与公关对象之间关系的调和，也就是说政府危机公关的最终目标中有要求恢复和强化政府原先正面角色和形象的任务，相对于这一任务，危机事件的解决只是为其服务的次级目标。政府危机管理的目标相对简单，它一般只要求及时处理和应对突发事件，有针对性地及时妥善解决，减少由此给社会、公众等造成的损失，它的主要目标是履行政府危机管理职能，解决问题，对政府角色和形象等问题的关心只处于次要地位。

第三，行动指导差异。政府危机公关的大多数实践和理论都源于企业公关。企业危机公关的实践和理论直接指导了政府危机公关的主要实践方式，同时，由于企业危机公关有相当多的经实践积累的经验，这也使得政府危机公关的实践和理论发展具有多样化的特点。政府危机管理的实践和理论则源于政府行政管理的实践和理论创新。危机管理体系的发展最早都是为应对自然灾害和满足社会、公众对社会安全的需要而建立的。也就是说在非常态条件下，政府展现了行政管理体系在非常态下的管理能力，即危机管理能力。

虽然危机公关与危机管理的概念存在上述差别，但越来越多的迹象表明两者的差异在逐渐地缩小。20 世纪 90 年代以来，全球化浪潮对政府研究相关理论有着一个相当强的持续整合作用。21 世纪初，以"9·11"事件为代表的国际恐怖主义事件促使以美国为代表的西方国家危机公关和管理体系迅速发展和合并重组。

三、新媒体

（一）新媒体的概念

"新媒体"是一个相对的概念，当一种媒介体现出与以往媒介截然不同的传播技术或传播特征时，就会被冠以"新媒体"的称号，因此，新媒体的内涵是随着传播技术的发展而变化的。"新媒体"一词源于美国 CBS 技术研究所所长戈尔德马克的一份商品开发计划（1967 年）。正是因为"新"媒体的相对性，许多学者在对其进行界定时给出的都是一个较为宽泛的概念，如所谓的"新媒介"是这样一些数字媒介：它们是互动媒介，含双向传播，涉及计算，与没有计算的电话、广播、电视等旧媒介相对。[①]国内的一些研究，甚至将数字电视、数字电影、电子杂志等新出现的媒体样式都包含在新媒体范畴之中，使新媒体概

---

① [加]洛根. 理解新媒介——延伸麦克卢汉[M]. 何道宽译. 上海：复旦大学出版社，2012：4.

念成为一种泛指，缺乏明确的内涵与特征。本书认为，并非所有新出现的信息传播载体都是新媒体，部分新型媒体只是传统媒体对新技术的引进和套用，新媒体与传统媒体的区别不只在于出现时间的前后，关键在于传播方式和特征的根本性变化。本书对新媒体进行分析和研究时，新媒体是指区别于报纸、广播、电视等传统媒体，以数字技术、网络技术、移动通信技术为基础的，民众可以自主发布和获取信息，具有强互动性的终端、平台或应用，它们是新技术条件下民众意见表达和社会舆论生成的主要媒介。

（二）新媒体的类型

依据不同的标准可以将新媒体分为不同的类型，此处仅对与政府危机公关关联度高，在国内公共危机事件中民众接触和使用概率较大的几种互联网平台、应用进行概述，为后续研究提供帮助。

1. 门户网站

门户网站来自英文 portal site，是民众在互联网中获取信息的最主要平台。门户网站对新闻信息进行归纳整理，分门别类展示，提高了信息获取的便利性，并普遍为访问用户提供电子邮箱、论坛、影音、博客等服务，是网民登录和使用互联网的"窗口"。门户网站一般分为综合性门户网站和垂直性门户网站两类：前者以信息丰富全面为特征，强调大而全，内容涉及各个方面，以新浪网、网易、腾讯网、搜狐网、凤凰网为代表；后者专注于某一行业或者某一领域，以细而深、专而精为特色，对细分市场进行挖掘，如房天下、和讯网、铁血网等。除了以上商业性门户网站，拥有传统媒体或政府背景的综合性新闻网站与政府网站，同样也是民众网上获取信息的重要来源。

2. 网络论坛

网络论坛是一种以话题为中心，强调主题性和交流性的互联网应用，最早以公告板系统（bulletin board system，BBS）的形式出现，用于互联网用户之间的讨论和交流。20 世纪 90 年代末是中国网络论坛发展的高峰期，各类论坛集中涌现，以兴趣、地域、学校等为核心搭建，西祠胡同、天涯社区及各大高校 BBS 是那一时期论坛的代表。2000 年以后，商业性的论坛开始转型，向平台化的方向发展，为用户提供互动交友、移动增值、网络游戏等服务。社交网络（social networking services，SNS）兴起之后，论坛开始进入低谷。比如，具有较高的聚合性和影响力的天涯社区，拥有规模庞大的用户数的百度贴吧，都不复往日的辉煌。

在很长一段时间内，网络论坛都是公共议题发布讨论的主要平台，被称为民众意见表达和进行公开讨论的"虚拟广场"。早期网络公共事件中影响力较大的都是在公共论坛上发酵并广泛传播的。与偏娱乐的贴吧不同，天涯社区、凯迪社区等传统网络社区在早期的公共网络事件生成和扩散中有较大的影响力，是传统媒体记者发现新闻线索的主要网络平台。

3. 即时通信：QQ 与微信

基于互联网的即时通信工具是在网络空间中利用服务软件，即时向个体或群组传递文字、图片、语音、视频、文件等信息的网络应用，腾讯公司开发的 QQ 与微信分别是国内电脑网络平台与手机网络平台中使用率最高的两款软件。网络即时通信工具的出现满足了用户人际传播的需要，与手机、电话相比，网络即时通信用一种更为经济的方式突破人际传播的时空限制，既满足了即时互动的需要，又降低了交流成本，再加上陌生交友和群聊模式的引入，促进了即时通信的广泛普及。

4. 自媒体

美国新闻学会媒体中心出版的《自媒体研究报告》认为："自媒体是普通大众经由数字科技强化、与全球知识体系相连之后，一种开始理解普通大众如何提供与分享他们本身的事实、他们本身的新闻的途径。"①自媒体出现的最大意义在于打破了传统媒体时代信息发布权由传媒组织垄断的局面，个体可以不经传统媒体，利用互联网平台直接向大众发布信息、提出观点。这种广泛的、草根化的、可匿名的传播方式使得信息的管控面临巨大的压力。目前我国互联网自媒体应用最为普及的有三种：微博、微信和以抖音为代表的短视频平台。

微博（microblog）被认为是博客的缩小版，起初内容被限定在140字以内，与博客相比，微博体现出鲜明的用户草根化和内容碎片化特点。简短的文字表达使得自媒体对作者文学能力和思考能力的要求下降，基于人际交往圈的@传播机制，推动着微博内容呈现裂变式的传播扩散。微博与移动通信的联合使得个人用户通过智能手机终端就能随时随地、方便快捷地向大众传递信息，强化了自媒体信息的时效性，这也使得在近年来的突发性事件现场，自媒体往往成为事件传播的最早信源。

新媒体不仅具有以前所有传统媒体的特征，而且利用网络数字技术将它们重新整合在一个统一的硬件平台上，尤其是移动智能终端的普及，推动着信息环境发生革命性变化。从传播者角度看，新媒体环境里，传统的媒体组织设置议程的能力弱化，多元化传播主体造就了一批"网络意见领袖"，并营造出声音驳杂的舆论场，传统的舆论引导方式在此环境中难以充分发挥。从传播过程来看，信息的实时传播以及以人际传播为基础的信息扩散方式，提高了突发信息传播的速度和效率，使危机事件的爆发更为突然，加大了早期介入的难度。从信息接收者角度看，被动的受众已经为主动的"网众"所取代，互动性的强化，促使政府更主动积极地与民众沟通和联系。对于政府来说，新媒体是把双刃剑，它既会带来未知风险，又能帮助危机化解，因此如何提高管理和利用水平是关键。政府网站、政务微博、微信公众号等一些政务新媒体平台和应用的出现就是政府对新媒体的主动应用和尝试，经营好这些平台对危机事件的处理有着极大的帮助。

---

① ［美］马克斯韦尔·麦库姆斯. 议程设置：大众媒介与舆论（第二版）[M]. 北京：北京大学出版社，2017.

第二节　政府危机公关的理论来源

　　政府危机公关研究涉及多个学科，新媒体环境下的政府危机公关更是一个较新的命题。从理论上进行溯源，传播学、政治学、公共管理学、公共关系学等都为研究政府危机公关提供了基础与理论支撑，现对其分别进行梳理。

一、传播学与政府危机公关

　　公共危机从酝酿、扩散、爆发到缓解平复都与信息的传播密不可分，传播学关于信息传播规律的研究为政府危机公关奠定了基础。

（一）议题管理与议程设置

　　"议题管理"概念在 1977 年由美国公关学者霍华德·查斯提出，是指社会议题虽然无法完全进行人为操纵，但是可以经由专业的管理程序加以控制和引导。1982 年，已经担任美国议题管理协会主席的查斯修正了早前自己提出的定义，将议题管理重新解释为：了解、动员、协调和引导组织所有的策略和政策规划以及公共事务手段，以有效地参与、影响个人和组织之公共政策制定。[①]

　　与"议题管理"比较接近的就是传播学中的"议程设置"假说。1972 年，美国传播学者马克斯韦尔·麦库姆斯、唐纳德·肖在《舆论季刊》上发表了《大众传播的议程设置功能》，据此，麦库姆斯和肖提出了著名的"议程设置"假说，即大众传媒具有一种为社会公众设置"议事日程"的功能，传媒通过报道各种信息传达活动，赋予各种议题不同程度的显著性，从而影响人们对周围世界"大事"及其重要性的判断。从上面的描述，我们不难看出，"议程设置"其实只是"议

---

　　① 徐荣青. 政府公关与企业公关的议题管理异同比较[J]. 闽江学院学报，2011，32(3)：89-92.

题管理"在特定环境下（大众传播过程中）的特殊形式。"议程设置"假说，实际上是人们对媒体改造社会现实功能的认识，这种改造导致了人们对世界认知方式的变化。在传统的社会中，人们直接从外部世界获取信息，据此形成相应判断；而在现代社会，媒体延伸了人们的认知能力，也改变了人们对现实的局限性的认知，而这种认知直接影响了人们的态度和行为。

在危机公关的研究中，很多学者借用"议程设置"理论来分析媒介在危机传播中的作用，进而研究如何通过媒体议程设置来改变公众对危机事态、政府形象等的认知，或者通过议程设置达到特定的传播目的。

（二）危机语艺理论的短暂发展

危机语艺理论兴起于 20 世纪 90 年代中后期，代表人物有班尼特、希斯、库姆斯、赫立特、舒尔兹和斯格等。其中班尼特提出了"形象修复策略"，包括：否认、逃避责任、减少错误行为传播的广度、亡羊补牢和自责。库姆斯提出了"危机沟通策略"，主要是：对于天灾和谣言引发的危机，组织可以"攻击指控者"或"坚决否认"；对于他人恶意破坏造成的危机，组织通过"正当化"——承认危机存在，寻找正当理由或托词辩解并进行处理；对于自身行为失当和偶发意外带来的危机，组织则应采纳"取悦逢迎"、"完全道歉"和"修正行为"的策略。[①]

总的来说，危机语艺理论研究的重点在于发生危机后组织的"语言反应策略"，在理论来源层面，危机语艺理论根植于符号互动论和社会责任论，在目标设定层面上，危机语艺理论希望通过与利益相关者的沟通，达到挽救组织形象、实现预期劝服效果的目标。

（三）传播效果研究：说服性传播

说服理论由耶鲁大学心理学教授卡尔·霍夫兰提出，也被称为传

---

① 鲁津，栗雨楠. 形象修复理论在企业危机传播中的应用——以"双汇瘦肉精"事件为例[J]. 现代传播（中国传媒大学学报），2011（9）：49-53.

播的说服效果，指的是受传者的态度沿传播者说服意图的方向发生变化。第二次世界大战期间，霍夫兰等人接受美国陆军部的委托，在军队里进行了一系列心理实验，得出了第一手的实证研究结果。这些研究揭示了效果的形成并不简单地取决于传播者的主观愿望，而是会受传播主体、信息内容、说服方法、受众属性等各种条件的制约；这些研究也用事实证明，恰当地使用传播技巧能够改变受众的态度。在危机传播中，为了对受众的态度进行引导，政府也会利用大众传播媒体，进行"说服性传播"。

（四）培养理论：媒介影响人们的世界观

传播媒介对人们的现实观有什么影响？传播媒介在提示"现实"时有什么样的倾向性？对于这样一些问题，以美国学者 G. 格伯纳为代表的研究者，提出了培养理论。1976 年，格伯纳等根据调查分析发现，在现代社会，大众传媒提示的"象征性现实"对人们认识和理解现实世界有巨大的影响，由于大众传媒出现的某种倾向性，人们在心中描绘的"主观现实"与实际存在的客观现实之间正出现很大的偏离。而且这种影响是一个长期的、潜移默化的"培养"过程，它在不知不觉中影响着人们的世界观，格伯纳等将这一研究称为"培养分析"。

培养理论的核心观点是：大众传播媒介在潜移默化中培养受众的世界观。例如，接触大量电视暴力节目的受众，对遭受暴力攻击可能性的估计，远高于实际，也高于少接触或不接触同类节目者。这就用实证的方法证实了媒介的长期效果。就对受众世界观、价值观的影响来说，媒介具有正反两方面的效果：一方面，如果媒介对客观世界进行真实的、全面的反映，提供给受众正确的信息，就会对培养受众健康全面的世界观、价值观有积极作用；另一方面，如果媒介对客观世界进行了偏颇的描述，就会歪曲人们对客观世界的认识，从而人们就会形成不正确的世界观、价值观。

在危机传播中，人们很可能受到谣言、小道消息等不正确信息或者来源不可靠信息的影响，这时，就需要大众媒介发挥其作用，及时扭转不利的传播局面。

（五）"沉默的螺旋"理论：舆论具有社会控制功能

大众传播与舆论的关系问题，是政治学、社会学和传播学研究的一个经典课题。从社会心理学的视角来看，舆论是一种社会控制的机制，我们应将其视为一种对个人和群体具有强大约束力的"力量"来探讨其形成过程、社会作用和客观规律。从这个角度对舆论与大众传播的关系进行研究的，是德国社会学家伊丽莎白·诺尔–诺依曼的"沉默的螺旋"理论。

诺尔–诺依曼通过分析大选的选举数据发现：人们在表达自己想法和观点的时候，如果发现了自己赞同的观点，并且该观点受到广泛欢迎，就会积极参与进来，从而使这类观点越发大胆地发表和扩散；而发觉某一观点无人或很少有人理会，即使自己赞同它，也会保持沉默。意见一方的沉默造成另一方意见的增势，如此循环往复，便形成一方的声音越来越强大，另一方越来越沉默的螺旋式发展过程。[①]"沉默的螺旋"理论强调的是舆论的社会控制功能，舆论是个人感知社会"意见气候"的变化，调整自己环境行为的"皮肤"。另外，该理论还强调了大众传播具有强大的社会效果和影响，包括从认知到判断，从意见到行动的全过程。

在如今这个网络时代，由于新媒体的平等性、匿名性和不受地域限制的特点，以及传统媒体与新媒体的融合包容，媒体已很难对受众施加群体压力。但"沉默的螺旋"的心理机制依然存在，受众害怕孤立的恐惧感依然存在。从某种程度上讲，网络时代下形成的"公众意见"要比以往任何时候的传播速度还要快，范围还要广。因此更应重视正确的舆论引导，实现媒体对社会系统环境的监测，预防可能造成的不利影响和负面社会效应。

---

① 郭小安. 舆论的寡头化铁律："沉默的螺旋"理论适用边界的再思考[J]. 国际新闻界，2015（5）：51-65.

（六）首因效应：第一印象影响公众认知

在社会心理学中，第一印象又称"首因效应"。我国的一些学者，把这种印象称为"第一感"或"第一感知"。第一印象这种心理现象，是人们普遍发生的认知活动，每个人对此都有体会。认知者之所以会产生首因效应，首因效应之所以导致了第一印象，起决定性作用的是认知对象（人或事物）对认知者有意义，是认知对象首先引起认知者的注意，产生相应的心理活动：第一印象的持续时间最长，作用也最强，甚至会影响对后来获得的新信息的解释。美国传播学者在对相互冲突信息的不同呈现顺序的研究中发现，当受众面对两种冲突的信息时，两种信息呈现顺序的不同会对受众接收信息产生影响。如果先呈现信息 A，紧接着呈现信息 B，并且在信息呈现后过一段时间再测试态度的改变，就会发现受众更倾向于接受信息 A，这就是"首因效应"。

"首因效应"说明了媒介信息进入公众视野的先后顺序对于公众认知的影响。政府在危机处理中，如果能善用媒体，抢占先机，及时把握和吸引受众的注意力，及时发布正确的公共危机信息，让受众在第一时间内获取信息，了解真相，有利于从一开始把握危机处理的主动权。

（七）"拟态环境"理论：媒介影响个人对世界的感知

"拟态环境"这一概念是由沃尔特·李普曼提出来的，他认为，人们所接触的信息环境只不过是现实环境的非完整镜像，而不是现实环境本身，与现实环境存在差别。[①]"拟态环境"概念的提出引发了学者对媒体塑造现实功能的讨论，大家认为在现代社会中，大众传播媒体已经成为民众认识事物的主要渠道，人们对世界的认知很大程度上取决于其所接触媒体的框架和视角。从这个角度上看，在危机公关过程中，合理和有效地利用媒体能够影响公众对事件的认识和判断。然而在新媒体环境中，大众信息传播载体的多样化和传播主体的多元化使得通过媒体塑造同一种景象

---

① 佟欣. 拟态环境与公众舆论——再读李普曼《公众舆论》[J]. 现代视听，2018（7）：77-80.

的难度大大增加，提高了对政府管理和运用媒体的要求。

二、政治学与政府危机公关

（一）危机公关中的政府责任内涵

广义上的政府责任是指政府必须积极地对社会民众的需求作出回应，并采取积极的措施，有效地实现民众的需求和利益。责任政府中"责任"的内涵包括政治责任、行政责任、法律责任和道德责任。防范和化解社会风险都是政府所必须承担的政治责任，在危机处理过程中更是要明确相关的行政责任，做到"有权必有责、违法必追究"。美国学者格罗弗·斯塔林认为，行政责任的内容体现在以下几个方面：①回应，指公共组织快速地了解民众的需求，不仅回应民众先前表达的需求，而且应以前瞻的主动行为研究问题、解决问题；②弹性，不同的人需求不完全相同，因此，政策的规划和执行要充分考虑各种不同因素，不可死板；③胜任能力，指政府的行为必须有效率、有效能；④正当法律程序，指政府依法而治；⑤负责，指当行政人员或政府机关有违法、失职的情况发生时，必须要有人对此负起责任；⑥诚实，一方面政府要坦白公开，接受外界的监督，另一方面，政府的公共管理者不能利用权力谋取不正当的利益。①

（二）责任政府论在危机公关过程中的实践

责任政府论对政府职能的权限范围和履行方式提出了全面的要求。政府职能是指政府在社会中所承担的职责和功能，其根本指向在于为民众谋求利益。政府责任的实现有赖于政府职能的有效践行，从另一个角度讲，政府职能履行的过程就是政府责任实现的过程。在危机爆发时期，公共危机自身的特点要求政府承载责任并履行责任，将危机公关作为其重要职能。在我国，在社会风险和危机的应对上，政

---

① Graver Straling. *Managing the Public Sector*[M]. Homewood: The Dorsey Press, 1986: 115-125.

府是责任主体且占据着主导地位。在一些发达国家，中央与各级地方政府都建立了相应的危机处置机构，各级政府需要对自己管理范围内的公共危机事件负责，实行中央和地方分级管理。相关责任都下放到每个政府部分，在整个管理体制中，政府需要承担的不仅是道德责任，更多的是要承担行政责任和法律责任。

权利与义务是对等的，在行政中获得了相应职权的部门和个人就必须在面对危机时承担相应的责任。问责制作为一种责任追究制度应该在政府应对危机的过程中发挥更大的作用，它不仅是惩治官员、顺应民意的一项措施，而且更应该被作为基础建立一整套制度，去规范相关人员的日常工作，防患于未然，对危机进行事前干预，不让它露出苗头。

在新媒体环境中，政府在危机应对过程中的措施和举动都曝光在民众的视线当中，这不仅要求危机处理的结果能够让民众满意，过程也应该是符合民意和民情的，否则可能引发新的危机。

三、公共管理学与政府危机公关

公共危机管理研究是公共管理学研究内容中的一个重要方面，在最初的危机研究中，管理意识是大于公关意识的。因此，国外的大多数学者最初都是从"危机管理"的角度出发进行研究的。直到公共关系学在政府和企业管理中开始发挥重要作用，学者们才开始从"公共关系"视角进行研究。

随着危机管理在政界、商界的广泛应用，学界对危机管理的研究日兴。尤其是 20 世纪 90 年代之后，学界从理论和实践两个层面拓展了危机管理的研究，逐渐形成了对危机研究的多种理论，有代表性的主要有五种。

（一）企业辩护理论

该理论主要是指组织通过修辞、辩论等语言技巧的运用为组织自身辩护，该理论强调在危机发生之后，组织要站在自身的立场上为组织的利益而辩护，在一定程度上避免了危机发生后"信息真空"的出现。

（二）形象修复理论

该理论的提出者班尼特认为个人或组织最重要的资产是其声誉，声誉和公众形象需要从战略高度去维护。班尼特提出了形象修复的五大战略方法：否认、逃避责任、减少错误行为传播的广度、亡羊补牢和自责。[①]

（三）危机管理的阶段分析理论

美国学者斯蒂文·芬克提出了著名的四段论，他把危机过程分为潜伏期（prodromal）、爆发期（breakout or acute）、扩散期（chronic）和解决期（resolution），每一个阶段有各自不同的危机处置重点。该理论较为全面地分析了危机全过程。

澳大利亚公共政策专家阿索尔·耶茨在对危机发展基本过程讨论的基础上，将危机发展划分为四个阶段。相应地，危机管理也分为四个环节：危机前的预防（prevention）、危机前的准备（preparation）、危机爆发时的应对或反应（response）以及危机结束期的恢复（recovery）。

（四）焦点事件理论

焦点事件理论由托马斯·伯克兰在 1997 年提出，其理论基础建立在议程设置功能和对危机传播事件的公共政策运用上，他认为那些"突然发生的、不可预知的事件（焦点事件）"在促进公共政策讨论方面起着重要作用。伯克兰所指的焦点事件主要为两类：一类是如自然灾害、事故灾难等"常规性"的焦点事件，另一类则是如"9·11"事件等以前从未发生过的"新型"焦点事件。议程设置就是一个问题及其

---

① William L. Benoit. Image Repair Discourse and Crisis Communication[J]. *Public Relations Review*, 1997: 177-186.

解决方案得到或失去公众和政府注意的过程，焦点事件在公众议程形成过程中扮演着重要角色。虽然一个焦点事件并不能直接改变政策，但媒体的密切关注能够促使公众和政府采取行动、改善行为，为新的法律政策的制定提供了"机会之窗"。

（五）卓越理论

该理论主要是建立在格鲁尼格的卓越公共关系理论基础之上的，其理论构建更多地依赖于公共关系的四个模型：新闻代理模型、公共信息模型、双向非对称模型和双向对称模型。

四、公共关系学与政府危机公关

政府危机公关的发展源于企业公共关系手段成功地运用于政治领域，它和政治学、公共关系学两个学科的理念有机结合，密不可分。同时，这也与政府行政管理的方式转换有关，随着民众和社会组织对政治生活的积极参与，强硬的管理手段已经不再适用于现代社会的管理，政府只能寻求技巧性和协调性更强的公关手段来与公众和组织交流，尤其是面对社会公共危机的时候。企业危机公关的成功，给政府治理公共危机提供了新的思路和手段。

在西方社会，公共关系最早实践的领域就是政治领域，用于沟通领导人和民众的意见。现代意义上的政府公共关系在 19 世纪末 20 世纪初伴随商品经济、政治民主化和大众传播技术的发展而逐渐成熟。这一时期，资本主义也从自由竞争阶段发展到垄断阶段，致使阶级矛盾、社会矛盾日趋激烈。社会现实使得广大群众怨声载道，他们要求建立诚实的政府，要求官员直接对选民负责，要求政府制定制约大企业的法规，要求参政议政，要求政府采取行动保障人民的福利，等等。与此同时，新闻界也开始了一场揭丑运动，历史上被称为"扒粪运动"。这一运动把矛头直接指向政府和大企业，揭露政府官员的贪污腐败及大企业的丑恶行径。在这样的社会条件下，政府公共关系逐渐产生和发展起来。

真正意义上的政府公关开始走上美国政坛是在第一次世界大战前夕，威尔逊担任总统时期，担任公共关系顾问的乔治·克利尔在历史上首先赋予现代公共关系以积极职能，他通过公共关系手段组织公众支持美国参加第一次世界大战。美国国会成立了咨询委员会，此机构在第一次世界大战中在动员群众、资助战争、同情盟军、给美国人民灌输战争必胜的信念等方面发挥了一定作用。1929—1933 年大萧条时期，美国政府和工会运用公共关系手段协调劳资矛盾，沟通政民关系。时任美国总统的罗斯福的"炉边谈话"通过广播传播到美国家庭，这一活动不仅宣传了他的社会改革思想，也鼓舞了人们的信心。经济灾难和罗斯福的新政使公共关系在新的经济条件下获得了充分发展的动力，各个政治集团认识到赢得公众支持的必要性。在罗斯福时期，政府部门的公共关系活动异常活跃，这为美国政府在艰难的危机时期凝聚民心起到了关键作用。冷战时期，世界局势紧张，对国际危机的研究日益受到各国政府的重视。各国学者将危机管理应用于政治学和国际关系领域，成立了专门的机构对典型的危机事件进行分析与研究，取得了很大的突破。冷战结束后，世界多极化加速了危机多样化进程。随着危机逐渐渗透至社会的各个领域并越来越受到各国政府的重视，危机管理跨学科的趋势亦日益明显起来。随着商业经济的发展，公共关系成为一门极富应用性的学科，并开始大量运用于企业管理活动中，同时也进一步发挥着其在政治领域的功能，大型企业和公关公司的加入及其实践丰富了公共关系理论，并提出了许多具有参考价值的操作原则与方法。

公共关系学科是极富操作性的学科，而相关的危机公关理论也是在实践操作基础上论证得来的。具有代表性的有 3T 原则和 5S 原则。

（一）3T 原则

英国危机公关专家迈克尔·里杰斯特在《危机管理》一书中提出的 3T 原则是公共关系危机处理的媒体原则，它表示"Tell your own tale"

（以我为主提供情况）、"Tell it fast"（尽快提供情况）、"Tell it all"（提供全部情况），概括来讲就是及时、全面、客观地发布信息。3T原则是发生危机后如何对危机信息进行处理的理论。危机发生后，在非常态情况下，信息流动相对滞后，因而信息的双向交流非常必要。再加上，人们对信息的渴求增强，政府公关主体若不发布信息便会将机会让位给其他信源，致使公关主体丧失其应有的话语权，甚至会被谣言所困扰，如此一来，危机不但不能得以化解，而且还会造成新危机的爆发。对信息的科学传播，成了政府危机公关的核心。

（二）5S 原则

5S 原则由公关专家游昌乔提出，它是指：速度第一原则、系统运行原则、承担责任原则、真诚沟通原则、权威证实原则。[①]

速度第一原则是指危机出现的最初 24 小时是信息呈现病毒式高速扩散的时期，此时也是谣言出现的高峰期，在这一阶段必须当机立断、快速反应、果断行动，与媒体和公众进行沟通，迅速控制事态，否则会扩大突发危机的范围，甚至可能失去对全局的控制。危机发生后，首先控制住事态，使其不扩大、不升级、不蔓延，这是处理危机的关键。

在化解一种危险时，不要忽视另一种危险。在进行危机管理时必须系统运作，绝不可顾此失彼。只有这样才能透过表面现象看本质，遵循系统运行原则创造性地解决问题，化害为利。

危机发生后，公众会关心两方面的问题。一方面是利益的问题，利益是公众关注的焦点，因此企业应该主动承担责任。即使受害者在事故发生中有一定责任，企业也不应首先追究其责任，否则会各执己见、加深矛盾，引起公众的反感，不利于问题的解决。另一方面是感情问题，公众很在意企业是否在意自己的感受，因此企业应该站在受害者的立场上表示同情和安慰，并通过新闻媒介向公众致歉，解决深

---

① 游昌乔. 5S 原则：寓言故事里的危机公关策略[J]. 决策，2007（1）：27-29.

层次的心理、情感关系问题，从而赢得公众的理解和信任。

真诚沟通是处理危机的基本原则之一。这里的真诚指"三诚"，即诚意、诚恳、诚实。诚意指在事件发生后的第一时间，公司的高层应向公众说明情况，并致以歉意，从而体现企业勇于承担责任、对消费者负责的企业文化，赢得消费者的同情和理解；诚恳要求一切以消费者的利益为重，不回避问题和错误，及时与媒体和公众沟通，向消费者说明事情的进展情况，赢得消费者的信任和尊重；诚实是危机处理最关键也是最有效的解决办法，谎言比错误更易引发公众反感，不利于消费者情绪平复。

权威证实原则是指危机发生后引入第三方中立客观的信源为自己证明，自说自话式的辩解的真实度与可信度都容易遭到民众质疑。

第三节　西方国家危机公关概述

风险社会的到来是一个全球性的议题，自 20 世纪末以来，随着危机事件的频繁爆发，各国政府开始建立或完善其危机应对体系。强化危机意识、修订相关法律与政策、建立危机管理体系等成为西方国家共同的举措，网络媒体发展之后，为了应对信息环境变化给危机处理带来的不确定性，各国也采取了相应的措施。在多数西方国家，政府危机公关的主要任务是发现和处理社会性公共危机，政党、政府官员自身的形象等方面所遭受的各种危机不纳入政府危机公关范畴，由各自的公关团队或者雇用的公关公司负责解决。

一、美国危机公关概括

美国是现代公共关系的发源地，从历史上看，美国危机公关主要经历了分散公关、统一管理和整合发展三个阶段。一直到 20 世纪 70 年代，美国联邦政府处理危机事件的工作仍是分散的，没有统一的机构进行协调，牵扯了太多的层级和部门，工作效率较低。1979 年成立了联邦应急管理局（Federal Emergency Management Agency，FEMA）对危机事件进行统一管理，该部门对三里岛核事故、古巴导弹危机等进行了有效的危机公关。"9·11"事件后，美国政府意识到依靠 FEMA 难以应对恐怖主义所引发的公共危机，于是成立了国土安全部，将政府危机公关纳入国家安全体系之下，进行全方面管理。

（一）机构设置

"9·11"事件成了美国政府危机管理的分水岭，基于国家安全的反恐预防与处置成为危机公关的主题，美国建立了以国土安全部为核心的政府危机公关体系。国土安全部于 2002 年 11 月正式成立，该部门由海岸警卫队、美国移民局、海关总署等 22 个联邦机构合并而成，年预算额近 400 亿美元，工作人员达 17 万人之多，是 1947 年美国组建国防部以来最大规模的政府改组。国土安全部的主要职责是保卫国土安全及处理相关事务，使政府能够更加协调和有效地应对各种袭击或威胁。该部门主要负责四方面的工作：第一，加强空中和陆路交通的安全，防止恐怖分子进入美国国内；第二，提高美国应对和处理紧急情况的能力；第三，预防美国遭受生化和核恐怖袭击；第四，保卫美国关键的基础设施，汇总和分析来自联邦调查局（Federal Bureau of Investigation，FBI）、中央情报局（Central Intelligence Agency，CIA）等部门的情报。根据这四大职责，国土安全部下设了信息分析与基础设施保护分部，化学、生物、放射与核对抗保护分部，边境与运输安全分部以及应急准备与反应分部。另外两个独立机构特勤处及海岸警卫队分别负责保护总统和其他政府要员的人身安全和保护主要公共建筑物、水域和港口，并直接向部长汇报。该部门负责人必须由白宫任命，对各种危机进行监测、预防、保护、遏制与分析。此后，美国政府还成立了北方司令部，并对联邦调查局进行改革，将军队和情报调查机构也纳入体系当中。

（二）网络控制

在以反恐和国家安全为目标的危机管理体系中，对网络信息安全的控制同样被放在了重要的位置。在美国，若网络传播内容可能威胁到国家安全，会受到严格监视。为防范可能出现的恐怖袭击，美国通过了两项与网络传播有关的法律：一是《爱国者法案》，二是《国土安全法》。通过这两部法律，公众在网络上的信息包括私人信息在必要情况下都可以受到监视。此外，美国政界还对美国《联邦刑法》《刑事诉讼法》《1978 年外国情报法》《1934 年通信法》等进行修订，授权国家安全和司法部门对涉及化学武器或恐怖行为、计算机欺诈及滥用行为等进行电话谈话和电子通信监听，并允许电子通信和远程计算机服务商在某些紧急情况下向政府部门提供用户的电子通信信息，以便政府掌控涉及国家安全的第一手互联网信息。据美国司法部的调查报告，FBI 在 2002—2006 年通过电子邮件、便条和打电话等方式，窃取数千份美国民众的通话记录。此外，2007 年度美国《信息自由法》解密文件显示，FBI 创建了"数字信息收集系统网络"，用于秘密窃听和监控邮件。美国拥有世界上最成熟的网络监控系统，最著名的就是"食肉动物"系统，该系统是美国司法部下属机构 FBI 开发并使用的一套信息监控系统，当它被安装到因特网服务供应商的服务器上时，能够有效地监控特定用户几乎所有的网络活动。2000 年 7 月 27 日的《洛杉矶时报》等部分美国媒体披露了"食肉动物"系统的存在，认为这一系统的存在严重威胁了公民的隐私和个人自由。以此为开端，美国国内的舆论对 FBI 使用"食肉动物"系统可能侵犯美国宪法第一修正案所提到的公民权利表示了极大关注，其主要倾向是担忧这种能够有效监控信息流动的技术将威胁公民的个人隐私及个人言论自由。美国国会的议员也直接介入此事，对该系统可能威胁个人隐私表达了高度的关切；FBI 被要求出席在国会举行的听证会，提供更加详细的关于"食肉动物"系统的说明。无论是公众、媒体还是国会，压倒性的意见是要求对"食肉动物"系统施加严格的控制。"9·11"事件发生之后，美国国会通过了新的法案,决定增加对"食肉动物"系统的拨款,随即,该系统改名为"DSC-1000",并不再进入议会议题。同时,媒体也停止了对这一系统的讨论。另外,FBI得到拨款之后,加速了部署、使用"食肉动物"系统的步伐。①

二、英国危机公关概括②

英国的危机管理称为"整合危机管理"(integrated emergency management,IEM)。由六个相互依存的环节构成:预期、评估、防止、准备、应对、恢复(anticipation, assessment, prevention, preparation, response and recovery)。同时,其又可分为两个方面:危机应对的准备方面、危机的应对和恢复方面。在危机预防和准备方面,英国政府通过部门合作、信息分享、风险评估、规划应对、通报预警和演习培训等措施实施保障;在危机应对时则根据危机覆盖区域和严重程度按行政区划层次作出针对性回应。

(一)部门合作与信息共享

英国的危机管理非常强调合作,并认为政府当局、危机服务部门、商业部门、志愿者组织之间必须进行双边和多边合作。在地方层面合作是通过"地方恢复力论坛"(Local Resilience Forum)来实现的,在中央政府主要是国民紧急事务秘书处负责协调中央各部之间及其与地方的工作。通过这些平台进行信息沟通、资源分配、行动协调,同时这些平台不仅是同一层级不同危机管理主体合作的平台,也是不同层级之间进行协调和沟通的平台。

英国《国民紧急事务法》明确规定了政府和企业在危机管理中都必须对信息进行充分共享,该法指出不同主体之间的充分的信息沟通是危机管理的关键,是风险评估、危机规划、业务持续管理等各项工

---

① 张恒山. 美国网络管制的内容及手段[J]. 红旗文稿,2010(9):33-36.
② 罗云恒. 英国危机管理简述[J]. 党政论坛,2008(4):57-58.

作的基础。英国的政府当局、许多私营部门（如公用事业、交通运输部门）都将有关它们的规章体制、活动或经营状况的信息公开，各类企业之间通过商业关系进行信息共享。

（二）风险评估与危机规划

风险评估是整个危机管理的前提，也是危机规划和业务持续管理的基础。英国危机管理体系的各个层次都要进行风险评估，其风险评估过程中特别强调各类危机应对主体、各管理层次的合作以及行动的协调一致。英国危机管理的风险评估一般以五年为一个周期。

英国的危机规划一般分为普通规划和特殊规划，普通规划是指适应各种危机事件的规划，而特殊规划则只针对特定的危机事件或危机事件爆发的特定地方。普通规划是指导性、大纲性的，特殊规划是具体性、操作性的，所以特殊规划要以普通规划为基础。一般而言，危机管理主体在制定危机规划时，既要制定普通规划又要制定特殊规划。英国的《国民紧急事务法》还规定第一类危机应对主体有按处理危机事件所需的程度发布危机规划的法定义务。

（三）预警和通报

英国危机事件的预警工作充分利用各种传播媒介，注重发挥互联网直接简单、快速高效、成本低廉的传播优势，同时还特别强调发布的预警信息要有引起公众注意的吸引力，并充分照顾特殊群体，如残疾人、老人、小孩等。

危机出现后，政府首先将基本情况向民众进行说明，告知可能的风险和对基本生活的影响，提示可以采取的自助措施，并公布求助热线。与此同时，其他相关部门发布与本部门有关的危机评判和应对信息，如交通、环境、能源等。在此期间，建立协作工作机制，避免信息的重复发布和自相矛盾，当危机在全国范围内扩散时，中央政府就会成立"新闻协调中心"，以统筹全国关于危机事件信息的发布工作。为了做好预警和通报公众等信息沟通工作，英国中央政府还专门制发了《危机应对手册》，英国每家每户都有，手册的内容主要是关于若干危机事件应对的基本知识。

（四）演习和培训

演习是英国危机管理机制中的重要环节，政府通过演习来对工作机制进行检验，促进部门间的熟悉和运作中问题的发现。同时，工作人员通过演习能够受到训练、积累经验。英国危机管理的演习分为三种类型：讨论型演习、模拟型演习、实战型演习。英国的中央政府和各级地方政府都有自己的演习计划，同时，英国政府在双边或多边关系（如西方八国集团、北约）的基础上积极参加国际性的应急演习。

除了演习，英国同样注重对危机应对人员进行培训。培训分为两类：一类是关于危机应对准备的培训，包括对管理工作人员进行风险评估、业务持续管理、危机规划等方面的培训；另一类是关于危机应对的培训，它是指对管理工作人员在危机事件爆发以后如何开展危机应对工作的能力进行培训，培训的内容包括个人在执行规划过程中的职责、应对危机的关键技能和知识等。危机规划学院是英国危机管理的培训任务的主要承担者，也是英国仅有的一个常设的全国性的各类危机应对主体相互交流危机管理经验的平台。

（五）危机的应对和平复

地方危机由地方政府相关部门制定策略、安排实施，但是当危机事件的规模和复杂性达到需要中央政府的支持和协调时，政府会指定一个"政府牵头部门"（lead government department）来负责整体上的统筹协调，危机应对和平复具体工作仍以地方危机应对主体为主。当爆发全国重大危机事件并牵涉若干个政府部门时，除了政府牵头部门外，中央还会成立"内阁办公室简报室"；同时，英国首相还会召开有内政部长、各相关部的部长参加的会议，对危机应对和平复工作的各种战略问题做出决策。此外，为了加强信息沟通和做好信息发布工作，英国还成立了由"政府联络官"领导的"政府联络队"以及前述的"新闻协调中心"。

（六）网络信息管理

对于网络信息的管理，英国采取的是多元主体合作模式，整合政府、行业、民众的力量进行监管。英国的互联网监管机构是通信办公室（Office of Communications，OFCOM）。2003年7月17日，英国议会通过《2003年通信法》。英国政府合并了原来的五家机构，新成立了"通信办公室"，负责广播以及通信的监管工作和网络信息内容标准的维护，加强对非法内容的管制，并推动建立分级和过滤系统。[①]从性质上讲，OFCOM是一个独立机构，完全独立于政府之外，独立负责内容标准的制定和实施，并为标准如何适用于不同媒体、不同内容提供指导。英国互联网自律协会又被称为互联网观察基金会（Internet Watch Foundation，IWF），成立于1996年。IWF有很多成员，其中包括网络运营商、移动运营商、内容服务提供商、过滤公司、搜索服务提供商、商业联盟和支持基金会工作的财政部门等。[②]IWF开通了"热线举报"电话，使得网民能够方便地对所发现的色情犯罪、种族歧视、虐待儿童等违法内容进行举报；还采取"通告和取缔"措施，要求运营商与管理机构的方针政策保持一致，不能传播特定的信息内容，并对在其服务器上提供违法材料的运营商给予警告。[③]

三、美英政治传播中的新媒体运用

通过媒体与公众建立良好的关系是现代政治运作的常规方式，新媒体出现后，在社会公共关系的维护方面，美英两国政府机构、政党和官员迅速加入新媒体的传播环境之中，通过各种网络工具的应用提供公共服务、塑造自身形象。关于英美两国政治传播中对新媒体的拓展和运用，有学者进行了梳理和引介。[④]

---

① 严健. 英国高度重视网络信息监管问题[N]. 人民日报, 2012-04-24, 第4版.
② 徐颖. 英国互联网行业自律及其启示[D]. 华中科技大学硕士学位论文, 2010.
③ 姜闽虹. 英国的互联网管理及其对未成年人的保护[J]. 新闻与写作, 2013（7）：89-91.
④ 张萌萌. 主流政治信息传播的新媒体拓展——以英美个案为分析视角[J]. 哈尔滨工业大学学报（社会科学版）, 2014（4）：51-56.

（一）互联网站

互联网普及使用后，发达国家政治机构和人员就开始建立官方网站。美国在 20 世纪 90 年代中期先后建立了参、众两院网站。政治人物的个人网站被普遍用于个人形象建设。几乎所有美国众议院议员的网站都提供议员个人简历，其用途主要是宣传职业成就。网站的第二个主要用途是建立与公众间的联系。通过提供候选政治人物的家庭关系、职业资质、性格特点，显示他们同样关注普通人所关注的问题，建立与公众的普遍联系。英国有超过 90%的下议院议员在其网站发布个人信息和家庭情况，多数议员会通过个人网站进行自我推销，介绍自己如何为公众代言，具体都做了哪些工作。建立和维护良好的公众形象，是政治机构和政治人物专门网站的主要功能之一。

（二）推特

在美国参、众两院中，推特（Twitter）使用率很高。在英国同样也有类似网站"推特大臣"（Tweetminster），网站列出所有使用推特大臣的下议院议员。英美政治人物或政治机构使用推特的主要目的是沟通民众、传播信息和改善政府透明度。一方面，推特账户往往被作为推销个人的载体，常见的功能包括分享信息，尤其是关于本人的新闻报道和博客文章，以及日常政治活动等，也被用于竞选活动。这一类传播的特点是向特定的受众群体推销和传播某些信息或理念。另一方面，推特也可以改善政府透明度，其目的是向公众公开，公布政府信息，明确政府权责。就英美两国的数据来看，第一个目的的比例要远远高于第二个目的。

（三）社交网络

近年来，政客、政党、智库及其各种政治组织开始关注并使用社交网络。对于政治机构来说，积极参与以社交媒体为基础的政治传播至关重要，这一点在竞选活动中尤为突出。社交媒体一方面成为收集公众意见、分析选民信息的最佳数据载体，另一方面也是政客争取选民支持的有力工具。在相当短的时间内，世界范围内的主要民主国家都开始迅速接受并采用社交媒体来接触选民，与公众进行直接对话，并鼓励积极的政治讨论。美国议会在政治传播中，应用以脸书（Facebook）为代表的社交网络使得政治动员能够触及政治冷漠者，巩固政治态度。在竞选期间，议员候选人在脸书上的支持者数量与其实际选票数有直接关系，在社交媒体上对评论做出积极回应的候选人受到明显的青睐。与此同时，尽管社交网络在加强对话、鼓励讨论等方面表现突出，但这种新媒体在政治决策和现实政治参与中的实际作用仍有待商榷。社交网络的组织功能往往仅停留在公民参与阶段，无法进一步深入政治参与阶段，也就是说，就目前来看，社交网络并不能取代传统人际网络在政治活动中的作用。

（四）政治博客

与其他新媒体形式相比，网络博客的独特之处在于其类似于公共领域（public sphere）的博客圈（Blog sphere）。博客圈往往根据现实政治归属和政治利益形成相对固定的群集。相同政治圈内的博主互相链接、引用，或者链接到博主支持的政党、政治组织。也就是说，政治博客圈最终会围绕几个关键性节点彼此关联。在形式上，由于相对的独立性、宽松的篇幅限制、超链接引用等特点，博客成为查询政治信息和政治参与的重要载体。在内容上，政治性博客作为新媒体传播系统中的意见性、观点性平台，在政治传播生态系统中占据重要位置。尽管政治性博客的内容基本上是转发传统媒体内容、介绍和转发他人博文或发表对传统大众媒体政治报道的批评，但它在一定程度上挑战着传统媒体话语，为边缘化话语提供了连门户网站都无法提供的生存空间。某些博客圈曾对美国总统选举过程和选举结果具有重要影响，政治博客常常能够成为阶段性"焦点"，在经过传统新闻记者的放大后，可以形成足以改变媒体议事日程的巨大影响力。

除了建立公关团队自己经营新媒体外，英美的政府和官员还采取

"购买服务"的方式与公关公司开展合作。历经百年发展，公关业已经成为西方现代社会市场中的重要行业。时至今日，公共关系在整个英国社会占据着举足轻重的位置，因而被人们视为继行政、立法、司法和媒体之后的"第五等级"，英国也因此被称为地地道道的"公共关系国家"①。在这种公关业全面繁荣的背后，是政府的参与和加入，政府成为公关企业的最大雇主。以保守党执政时代为例，主导英国公共关系业的几家顶级公关公司，如汤德维克公关公司就多次与保守党紧密合作，并为保守党赢得很好的政治"促销"效果。此后的工党则更甚，不仅注重与公关机构的积极合作，而且以前所未有的速度雇用公关人员。美国政府各部门还设有新闻发布机关和发言人，代表政府阐明社会事件的真相，就重大问题发表见解，以向新闻界施加影响，引导舆论。另外，政府公关部门还组织各种类型的公关活动，如专访、内部吹风会、高级官员发表讲话等。由于与传媒机构直接没有行政隶属关系，英美政府在对媒体施加影响时，较为显性的方式就是使用公共关系手段，注重日常与媒体的沟通互动，这也使得政府在面对危机时更易获得媒体的支持。

四、西方国家危机公关实践经验总结

在长期的发展实践中，英美等国逐渐形成了完善的危机防控和处置体系。

（一）提高政府和民众的危机意识与处置能力

与以往相比，风险社会危机爆发的可预测性大大降低，尤其在新媒体环境下，危机从出现到全面蔓延时间极短，这就要求政府及其人员在日常工作中树立危机意识，加强防控。在社会公共危机的处置方面，更是需要注重对民众风险预判和危机处置能力的培养。政府和民

---

① David Deacon. *Taxation and Representation: The Media, Political Communication and the Poll Tax*[M]. London: John Libbey, 1994.

众对抗危机能力的提高通过知识传授和演习实践两个方面来实现。通过广泛的宣传与实践活动，危机事件的预防处置既成为一种政府行为，又深入每一个普通民众的意识之中，可以使每一个民众成为危机事件的救助者。此外，通过对危机预防、具体处置方法和措施的宣传，政府在实行救援的时候，就容易改变被动的局面，公众在危机中也不会过分被动，这样既能减少危机发生后带来的损失，又能降低政府在危机后社会重建工作中的难度。

（二）建立和完善应对危机的法律体系

以法律手段来处理与突发性紧急状态有关的公共紧急事件，是各国普遍采取的措施和对策。除了美国的《紧急状态法》、英国《国民紧急事务法》和日本《灾害对策基本法》以外，土耳其、加拿大等国家也制定了对付各种公共紧急状态的统一的紧急状态法。各国通过制定紧急状态法，将其作为应对危机的基本行动纲领，统一规定政府在危机管理中的职权和职责，确定依法对抗危机事件的法治原则，不仅有利于增强政府处理危机事件的能力，还有利于最大限度地维护政府在公共紧急状态时期的合法性和权威性。这就需要制定一部法律，统一规定在所有紧急状态下的政府行为以及政府职责和权利。因此，政府可将涉及危机管理的不同部门各自独立的应对法律加以归纳、汇总，出台一部全国统一的、居于核心权威地位的危机应对法案，通过立法手段确立不同职能部门之间应对危机的法治原则，从法律层面明确权责，提高危机应对的效率。

（三）协调社会力量强化民间合作

在融入了治理理念的政府管理模式之下，民间力量是社会治理的重要参与方，在危机应对中，强化对民间组织的协调，能提高运作效率。美国的危机管理体系建设重视建立民间社区灾难联防体系，并制定各级救灾组织的作业标准和质量要求，动员民间慈善团体和公益基金参与赈灾。制定法律规范和行动计划是政府与民间组织合作的基础。

日本制定的《日本赈灾志愿者手册》为地方防灾提供志愿者指南，并对志愿者行动纲领的启动做出了规定。美国《国家应急反应计划》同样为政府与非政府组织（non-governmental organization，NGO）之间的合作规定了基本的责任范围、合作路径与法律依据。

除了制定合作规范和行动指南外，还应建立一个协调组织，保障政府与社会力量合作机制的畅通，协调二者的功能和任务。美国就是通过国际红十字会组织负责相关紧急应急事务支援协调，并利用全国救灾行动志愿者组织协调各 NGO 之间的组织合作。

（四）充分利用传媒加强信息沟通

在危机情境中，为了减少不确定性，人们会增强对相关信息的了解，政府应该充分利用各种传播渠道，及时向公众告知最新情况，防止谣言传播对危机管理带来负面影响。西方国家对媒体的利用主要涵盖以下几个方面。第一，将新媒体作为搜集潜在社会风险危机的工具，通过对互联网信息的监控和检索，发现可能出现的社会冲突等危机情况。第二，将媒体作为发布信息的工具，将危机预告、政府指令、救灾需求、情况简报等信息通过各类媒体进行传播，争取对民众进行全覆盖，充分发挥传媒的社会整合功能。第三，通过媒体进行舆论引导，在信息化时代，公众信息来源渠道呈现多样化特征，由于危机事件的突发性和发生初始时段某种程度的不可控性，公众通常面临知识和信息的不完全性、不对称性情况，官方需要及时发布真实信息，防止虚假信息给民众心理和行为带来负面影响，扰乱社会秩序。第四，危机过后，政府充分利用媒体的"按摩"功能，对民众情绪进行疏导和平复，对政府形象进行策略性修复。

第二章
政府危机公关的类型、原则与评估

第一节　政府危机公关的类型

一、公共危机事件分类

政府危机多由公共危机事件引发，处置不当将严重影响社会公共秩序，损害政府形象。对于公共危机事件的划分，总体来看根据不同的标准可以分为多种类型：按照危机影响的空间范围可分为国际危机、国内危机、区域危机三个层面；按照危机爆发速度，罗森塔尔将其分为龙卷风型危机（来得快，去得也快）、腹泻型危机（酝酿时间长，结束得快）、长投影型危机（爆发突然，影响深远）和文火型危机（来得慢，去得也慢）；按照诱发原因分类，可分为自然灾害和社会危机事件；按照危机的起源，可分为系统内部危机和系统外部危机；按照危机中主体在应急中的态度分类，斯塔林斯将危机划分为一致性危机和冲突性危机两类。

国务院 2006 年 1 月 8 日发布的《国家突发公共事件总体应急预案》中将突发公共事件定义为：突发公共事件主要分自然灾害、事故灾难、公共卫生事件、社会安全事件等 4 类；按照其性质、严重程度、可控性和影响范围等因素分成 4 级，特别重大的是 I 级，重大的是 II 级，较大的是 III 级，一般的是 IV 级。

具体来看，自然灾害主要包括水旱灾害、气象灾害、地震灾害、地质灾害、海洋灾害、生物灾害和森林草原火灾等；事故灾难主要包括工矿商贸等企业的各类安全事故、交通运输事故、公共设施和设备事故、环境污染和生态破坏事件等；公共卫生事件主要包括传染病疫情、群体性不明原因疾病、食品安全和职业危害、动物疫情以及其他严重影响公众健康和生命安全的事件；社会安全事件主要包括恐怖袭击事件、经济安全事件、涉外突发事件等。[①]需要指出的是，以上分类仅适用于突发性社会灾害事件，对于政府危机中的舆论危机并不适用，尤其在新媒体环境中，即使在一个很小的地域发生的事件，通过网络的放大都能演变为全国关注的公共性事件，在这种情况下，单靠地方力量是难以应对的。

有学者提出按综合标准对公共危机进行划分，选取危机的结构复杂程度、性质以及控制的可能性等指标，将危机划分为结构良好性危机和结构不良性危机两类。[②]

具体来说，所谓结构不良性危机，通常是指具有以下基本特征的危机：①危机是在现实问题上发生的，但诉求的目标是非现实的、难以达到的；②危机涉及社会核心价值的争论，非短期内可以辨清；③危机问题是历史遗留下来，长期悬而未决的；④危机涉及的关系人较多；⑤危机是复合型的，具有诸多矛盾聚合的特征；⑥解决危机的方案有限，并具有风险性和不确定性，难以寻找到易为双方接受的妥协性方案；⑦危机的发生，就其影响范围而言具有全局性；⑧对立方社会动员程度较高，介入参与人群较为广泛；⑨组织化程度较高，如建立非法社团、反抗组织甚至军事组织等；⑩采用非法的大规模群众性游行、示威、罢工、宣传等手段，有可能失控发展为非法事件及具有诉诸暴力冲突的倾向；⑪较高程度的意识形态冲突；⑫存在外来势力的介入；⑬危机持续时间较长，对抗系数不断升高；⑭危机双方的沟通

---

① 田雨，张旭东，顾瑞珍. 解读：《国家突发公共事件总体应急预案》[EB/OL].
（2006-01-08）. http://www.gov.cn/zwhd/2006-01/08/content_151018.htm.
② 胡宁生. 中国政府形象战略[M]. 北京：中共中央党校出版社，1998.

困难或已经中断；⑮危机的升级已不可避免；⑯危机的发展对社会秩序和政治体制影响较大，一旦失控有可能导致社会发生体制性变革；⑰危机管理方选择了零和决策方案，致使危机发展趋于失控。

结构良好性危机的发生状态，其特征就是结构不良性危机形态的反面，具体指危机并非历史久远、长期积累的问题，而且涉及核心的价值和根本原则程度较轻，涉及的问题较单一，涉及范围有限，对立双方社会动员程度较低，冲突双方存在沟通关系和协商的可能性，对社会和政治体系的影响具有非根本性，不会导致体制激烈变革或对政权产生严重的冲击等。面对此类危机，政府控制危机局势的难度相对较小，但是如果处理不当，也存在转化为恶性不良危机的可能性。

本书所讨论的政府危机公关主要针对政府面临结构良好性危机。从公共关系维度看，危机公关是一项与人打交道的工作，解决危机的落脚点在于帮助或引导公众，解决困难、化解情绪。因此，在对政府危机公关类型进行划分时，本书从利益关联度出发对公关对象进行区分，讨论不同的对象在危机中的需求和愿望，为有针对性地解决危机提供参考。

二、政府危机公关的基本类型

对于危机公关中的利益关联，有学者认为可以在利益相关者的基础上重新确认危机公关的主体，对危机进行复合治理。公共危机复合治理的要义就在于使应对公共危机的思路由原来的政府"单边治理"模式过渡到利益相关者合作逻辑下的"复合治理"模式，通过每个危机利益相关者平等地参与危机决策和相互监督，以提高公共危机治理的效率和回应性。①这种复合治理模式要求：首先，包括政府组织在内的各利益相关者之间必须保持自治和制衡的关系；其次，各利益相关者之间能够相互渗透，构成分布均衡的空间网络结构，使危机治理的

---

① 胡象明，唐波勇. 论利益相关者合作逻辑下的公共危机治理——以汶川"5·12"地震为例[J]. 武汉大学学报（哲学社会科学版），2010（2）：214-219.

触角覆盖到局部、当地、地区乃至全球；最后，各利益相关者要通过沟通、建设、合作、协调以及综合等行动产生彼此之间的信任。这种观点以利益相关者理论为基础，重构公关主体的身份和特征，强调社会利益相关主体的参与和介入，共同对危机进行防范和治理。此处的利益关联，主要从危机公关的客体——公关对象与危机事件的利害关系出发进行分类，以公关对象为标准界定政府危机公关的类型。

（一）政府对强利益关联者的危机公关

强利益关联者是指危机事件的直接关涉群体，如地震中的灾民、事故中的遇难者及亲属、突发性社会事件的核心关联人等，他们在事件中生命、财产、健康、心理等受到损害，是危机事件的直接受害者或发起者。在此类危机公关中不仅需要积极采取措施对其合理权益进行保障，还要注意对受害者心理进行调适。在危机发生时，现实与心理的落差再加上所受到的各种伤害，使得受害者容易产生悲伤、恐慌、焦躁、绝望的情绪反应，从而产生逃避或抗争行为，对不同意见方缺乏宽容、理解，甚至对政府缺乏信任。在此类危机公关中应注意以下事项。

1. 加强沟通协商

与强利益关联者之间沟通的重点是了解对方利益受损情况和需求，取得信任，使危机处理人员能够进入"现场"，调查原因，实施援助。沟通的方式主要有：现场沟通、个别谈话和设立对话平台。在危机爆发地与民众进行现场对话能够有效地缓解民众的情绪和压力，第一时间对负面情绪进行疏导，给受害者提供保障和希望。对那些抵触情绪非常强、心理压力非常大的人员可以采取个别谈话、心理干预等方式，用一对一的交流表示特别重视和关注，对情况进行说明、对问题进行澄清，争取获得对方的理解和支持。此外，还可以通过设立接待中心、匿名举报箱、网络留言板等方式进行信息搜集，让更多的人有机会发言。在沟通过程中要注意建立与对方的信任关系、尊重对方的感受和要求，但是对于其利益诉求要谨慎表态，可以对解决的时间适度承诺。

2. 落实救助补偿

多数情况下强利益关联者重点关注的是自己的利害得失，以此来对政府行为进行衡量。因此，在危机公关过程中，除了现场救助和沟通，政府还应该抓紧制定切实可行、满足对方合理需求的补偿救济方案。尤其是对在公共安全事件和重大事故中遇难的受害者及其家属，要充分考虑对方困难，进行物质援助和心理干预。对于遭受重大损失的企业要进行损失评估，在法律政策框架下进行经济援助，帮助其恢复生产。在落实救助和补偿过程中要做到信息公开，将标准和援助对象进行公布，保障公正公平，防止因利益分配产生二次危机。

3. 进行责任认定

在由人为因素制造或扩大的危机事件中，受害者不仅希望得到物质上的救助，也希望对危机产生的相关责任人进行惩治，以此获得心理上的安慰。所以，成立专门的调查组，对事件原因进行调查，对由于政府监管缺位、渎职违法导致危机发生的部门和人员进行追责，对危机应对中的不称职、不作为的人员进行通报查处。如此处理不但是政府的问责制的要求，同样是响应民意、化解民怨的有效做法。

（二）政府对弱利益关联者的危机公关

所谓的弱利益关联者是指在危机爆发时与该事件无直接联系，然而又担心危机向自身蔓延的那部分群体，他们是危机潜在受害者。例如校车事故发生后，其他学校或地区的学生与家长，他们虽然没有在事故中受到伤害，但是由于拥有类似的经历或享受同样的服务，因此对事件高度关注，政府相关部门如果处理不当，就容易使事件由事故向危机升级。除了特定人群，媒体也是此类关联者的代表，媒体凭借其传播权介入事件，它们与事件的利益关联就是报道和发布信息的权益能否得到满足。弱利益关联者是危机扩散过程中的重要力量，他们的参与和传播加快了危机信息的扩散速度，扩大了危机的社会影响。对他们进行危机公关是政府限制危机传播影响区域、引导社会认知和平复社会情绪的必要选择。

在新媒体环境下，对危机发生后信息的传播宜"疏"不宜"堵"，利用传统媒体控制和封锁信息的办法行不通，一方面是因为基于移动互联平台的手机媒体使得信息封堵非常难以实现，另一方面，信息封堵会引发民众的好奇与质疑，客观上助长了谣言的扩散。因此，在面对此类群体时，政府要注意保障民众的知情权，争取将不归属本级管理的媒体纳入危机公关体系之中。与媒体进行合作，利用媒体信息传播优势，及时向公众告知最新进展。同时也可以将媒体作为外部收集信息的工具，为改善政府决策和行动提供依据，弥补系统内信息传播的缺陷。在危机应对过程中，将媒体纳入体系之中不仅有利于危机的预警和防范，通过大众传媒传播抗灾自救经验，还有利于减轻官方工作压力，争取各界支持。媒体为公众提供关于危机范围和严重程度的准确信息，发布伤亡失踪人员名单，能够满足公众的信息需求。同样，民众也可以通过媒体告知情况、公布诉求，便于政府与民众间的信息沟通。

弱利益关联者常常是危机事件二次传播的主要参与者，与事件之间存在的联系促使他们更积极地参与相关信息的搜集与传播。然而在具体传播过程中，他们又容易出现先入为主、以偏概全、夸张夸大等情况，对危机解决造成干扰。在应对公众询问和媒体采访时，政府要把握以下几项原则。

1. 平等对待

在信息沟通和开展新闻活动时应该平等地对待新闻媒体。新媒体环境下媒体的辐射能力已经鲜有太大差别，地方媒体同样拥有了向全国发布信息的能力。因此相关媒体沟通机构要广泛向媒体和公众提供信息和服务，尊重公众的知情权和媒体的采访权。

2. 谨慎发布

对外发布信息时，要确保内容的真实性，不能假设、虚构，记者的深入调查和公众的社交传播都会使谎言容易曝光，损害政府公信力。另外，信息的发布要考虑保密性，按照国家相关规定对即将发布的信息进行检测，防止无意中泄露不宜公开的保密信息。发布的信息可以从以下几个方面的内容中来选择：事件本身情况、事件原因、事件的应对和处理、善后信息。

3. 适度"松绑"

在对媒体进行引导时，应充分体现公共部门与社会民众拥有共同的目的和利益，在取得核心利益和目的共识的基础上，赋予媒体自主性，尤其是受本级政府直接管理的传统媒体。放松限制让媒体自由采访，能够及时反映危机事件的最新情况，从多个方面让民众了解更多的信息。

（三）政府对无利益关联者的危机公关

无利益关联者指与危机事件无直接联系，也不会受潜在波及的群体，他们自发对危机进行"围观"，主动介入事件。在危机公关过程中，无利益关联者的卷入程度对危机蔓延的范围和持续的时间有直接影响。新媒体环境下这一群体的典型代表就是网民，多数网民通常与事件无任何直接关联，然而他们通过转发、关注、跟帖、评论等方式对事件表达看法，成为网络舆论的主要构建者。在网络中，危机事件的传播在一个相对公开的环境中进行，使得信息的扩散具有不可控性，网民在网络上直接发表观点，信息常常未被证实就开始迅速蔓延，并呈现在公众面前，再加上网络传播的匿名性和虚拟性，使公关难以找到确切的对象，增加了危机公关的难度。从目的和效果上看，政府网络危机公关有三个出发点。第一，维护政府形象。政府的形象是政府的重要资源，在危机事件发生时，迅速控制事态的发展，能使政府的损失减少到最小。在通过网络平台的聚焦和放大成为全国网民和媒体关注的事件中，成功化解网络危机成为维护政府声誉和形象的重要因素。第二，化解公众误解。危机发生初期，信息的不对称容易导致传播过程中信息失真。政府网络危机公关应做到及时传递正确信息、减少公众误解，面对谣言传播造成的公关危机，不应回避和忽视，要主动介入，正本清源。第三，控制事态影响。正确处理网络危机，有利于控制事态的恶化和蔓延，减缓扩散速度。

对网民群体的危机公关，长远来看要提高民众媒介素养，培养公众使用媒体和分析信息的能力，避免网民成为虚假信息的受害者与传播者。从技术上看，要强化政府运用新媒体的能力，使政府能够熟练地通过网络平台与民众沟通对话。

1. 重视民众媒介素养教育

民众媒介素养程度与网络危机的扩散是紧密相连的，从长远看提高民众媒介素养是应对网络危机的基础准备。就当前情况而言，公众的媒体意识和媒介素养有待提高。中国部分网络新媒体用户，喜好追随新事物却缺乏睿智的辨析力，在新媒体传播上难免屈从于好奇心和率性而起的激情。要通过不同形式的媒体认知教育，帮助媒介使用者提高媒介素养，培养良好的媒介使用行为，正确定位、理解和处理媒介信息，增强他们的辨析力和免疫力。这对网民理性地分辨和传播信息有重要作用，而这也可以影响网络危机信息的传播扩散速度。

2. 提高政府网络对话能力

运用新媒体平台和工具进行危机公关是未来的趋势，随着科技的发展，互联网应用的普及和网民数量的增长，政府加强了对电子政府和网上政务平台的使用，借助网络与公众沟通互动，能够提高对话的质量和效率。通过网络平台，公众可以获取法律法规、政府部门的办事程序等政务信息。在危机公关中，政府除了单向地提供和发布信息，还会加强与网民的沟通和互动，综合使用政府信箱、微博、微信等与民众直接对话，回答民众的疑问，不回避尖锐问题，用平等对话的姿态与网民交流。

第二节　政府危机公关的原则

危机事件种类繁多，且在不同的阶段有着各自的特点，因此在危机事件发生后，政府的应对要区分危机所处阶段的特征和公关所面对的人群，不能千篇一律。但是其中也蕴含一些普遍性原则，需要重视和应用。

一、积极预防原则

"未雨绸缪""防患于未然"等生存智慧对危机公关有着重要的启示和借鉴意义。对于政府来说，如果能在事前预测并防止危机发生，比在事后采取任何应对措施更重要。这就要求政府时刻关注社会发展变化的各方面，建立危机预警机制，对可能发生的危机做出预测，从而提醒公众采取防范措施，将危机的消极影响降到最低。在新媒体环境中，善用和惯用新技术手段是危机预警的一大助力。

（一）建立危机预警信息网络

在危机还没出现时，政府要建立危机预警信息网络，定期收集和反馈社会舆情，通过媒体向公众传递防范信息。从发展规律上看，危机在潜伏期会有一定的预兆或苗头，网络舆情更是如此，在积累阶段的发现时机，决定了危机可控的范围和解决的进展速度。对于不可避免的社会公共安全危机，政府需要通过媒介及时向公众传递信号，进行提醒，手机短信平台和政务微博都能起到很好作用。对于舆情危机，要做到早疏导、早解决。

（二）培养公众应对危机素养

政府应该将公民危机应对意识和能力的培训纳入日常工作当中，具体可以通过学校、单位、社区定期组织教育培训的方式来进行。特别是在中小学生中进行预警宣传，对公民开展危机应对教育，增强其自救和互助能力，培养公众的危机意识。最成功的危机公关要求政府采取超前的行动，及早发现引发危机的线索和原因，预测将要遇到的问题以及事情发生后的基本发展方向和程度，从而制定多种可供选择的应变计划。对一切显露的问题要积极采取措施，及早做出处理，将危机扼杀在萌芽状态。媒体在其中也能发挥其社会功能，结合各自传播特性，制作相应的节目和内容，进行教育传播。

二、第一时间原则

迅速反应是政府危机公关的基本要求，在危机发生时，政府不仅需要在最短时间内通过媒介向公众发布各种关于危机的信息，还要积极调查、分析事件发生的原因和可能发展的趋势，制定最佳的解决方案。同时，政府还需要及时与危机受害者进行沟通，并对其进行安抚。

（一）第一时间收集事实资料

政府在做出第一个声明之前，要迅速地收集到危机的所有相关事实。因为任何一场公关危机都有可能由于信息不对称而引发各种不利的猜测和误解。政府需要在传统媒体发布信息之前尽快掌握关于这场危机的尽可能多的信息：危机的性质，危机发生在何时、何地，危机受害者和相关的人，引发危机的原因，等等。只有掌握详尽的事实资料，才有可能对下一步如何解决危机做出正确的判断。

（二）第一时间发布危机信息

在掌握关于危机的信息后，需要决定信息发布的范围和对象，结合媒体传播特征制作内容。多数民众都希望直接从官方知道事实，而非简单被动地从媒体那里得到信息。对于这部分人，政府不仅应当让他们及时了解危机事实，而且要及时同他们沟通最新的危机状况，让其保持信息同步。反之，如果政府封堵新闻或保持沉默，就会导致政府权威的声音在关键时刻缺失或滞后，就会给谣言的产生和传播提供巨大空间。因为公众如果不能从正常渠道得到信息，就会转向其他的渠道，而现在通信技术的发达给人们提供了快捷的手段。当政府信息发布的速度已经落后于自媒体时，要对关注度高、转发率高的自媒体信息进行跟踪，发现不实信息要及时澄清，最好能提供相应的证据，克服传播滞后带来的被动。

2009年，发生在湖北省巴东县的"邓某娇案"，引起了全国各地广泛的关注，当时互联网上就有很多人在关注此案，还有一些热心的网友直接到巴东县参与此事件的调查工作。在律师和网友调查的消息即时在网络上广泛传播时，当地政府发出的声音显得非常微弱。对于当地政府发布的任何消息，读者似乎都不再相信。然而面对网友及社会公众如潮水般的质疑和猜测，当地政府却没有任何明确表态，警方几次说法不一，新闻发布会也不许记者拍照，匆匆了事收场。当地政府甚至对网络舆论采取删帖、禁止发帖、压制呼声等极端的做法，使得事情的本来面目更加扑朔迷离，引起了公众对当地政府更大范围的质疑和不信任，当地政府的公信力由此受到严重影响。

通过以上案例不难看出，面对危机，政府的权威信息发布得越早、越多、越准确，就越有利于维护社会稳定。尽管政府的初衷是追求稳定，担心引发恐慌，然而如果一味隐瞒只会使各种猜测和谣言甚嚣尘上，反而会引起更大的恐慌，甚至会引发难以控制的过激行为。

（三）第一时间组建危机公关小组

危机爆发后，政府需要及时组建一个专门的危机处理小组，挑选出最恰当的人来处理危机、寻求危机公关建议。危机公关小组需要三个队伍：核心委员会、危机控制组和沟通交流组。核心委员会主要负责随时掌握危机发展动态，根据危机形势制定预案等；危机控制组一般由事先经过训练的专业队伍组成，在危机发生现场负责采取紧急情况下的应对措施；沟通交流组一般由政府内部负责信访和新闻的人士组成，保障政府和媒体、公众之间的信息交流和沟通。危机公关小组内部要明确分工，各司其职，避免各行其是。

当危机的第一手资料已经被了解清楚，组建好危机公关小组之后，还需要制定一套应对危机的策略，包括使用何种整合的公关手段应对危机。这就需要政府选出最适合的新闻发言人。通过新闻发言人，政府可以与媒体、公众就危机事件的有关情况进行交流，释疑解惑，表明政府的态度立场，介绍政府的应对举措，动员公众与政府积极配合，共渡难关。

（四）第一时间实施危机处置

由于危机的突发性和不确定性，对危机的处置，主要靠政府实施快速、有效的危机事件管理。针对危机发生后出现的不同情况，政府应及时确立相应的对策，运用有效手段整合社会资源，力争在最短时间内解决危机，制止事态的进一步扩大，减小损失和危害。

在危机发生后，政府应在最短的时间内尽量了解、掌握相关情况，判断事态发展趋势并立即行使紧急处置权，阻止危机爆发，或延缓危机的蔓延。政府必须迅速研究对策，使公众了解危机和政府采取的各项措施，尽力减少危机的损失。所以，危机发生后政府需要做的是迅速而有效地解决危机，因为危机持续得越久，对政府越不利，也就更容易损坏政府的声誉，即使危机最终能够解决，也会给政府带来无法弥补的损失。

（五）第一时间与受害者进行沟通

危机发生后，公众往往处于恐惧和慌乱之中，感到无助。这时候受害者最需要及时的安慰和稳定的情绪，这就要求政府必须在第一时间对危机中的受害者进行情感上的安抚，并将抢救和安置居民放在首要的位置。在此情况下，许多过于理性化、制度化、仪式化的言语表达，在处理危机时的效果往往会适得其反，所以此时的任何沟通必须具有人情味。

在突发事件发生后，特别是在发生有人员伤亡的突发事件时，政府首先应表现出对公众生命财产安全的关注、关心，充分的关注与同情可以建立共鸣，并赢得各方信任，及时的道歉往往能够赢得尊重甚至获得谅解，缓解媒体和公众的不满情绪。只有这样，政府才能在公众心目中建立起一种亲和形象，才能更好地带动大家一起克服困难、解决危机。

三、以人为本原则

面对任何危机，政府都应该遵守以人为本、公众利益至上的原则。政府是人民的政府，政府的一切权力是人民赋予的，因此政府的政策和法规应该以公众利益为基准来制定和实施。政府要时刻把公众的安危放在首位，不能为了自身利益而无视甚至损害公众利益。

危机中最脆弱的是人，最应被关注和关怀的也是人。以人为本、公众至上是危机公关的核心原则。因为公众是社会组织赖以生存和发展的基础，组织的一切行为都必须以公众的利益为出发点，才能获得长久的信任与支持，不坚持这条原则，有可能导致危机一步步蔓延恶化。危机在不少情况下会带来生命财产的损失，不论责任是否在己，政府都应把受害的公众放在第一位，只有这样才能安抚受众，尽快地化解危机。[①]反之，如果政府在处理危机时对这一原则不够重视，最终公众长期积压的不满就会发泄出来，而且还会损坏政府的威信。

事实上，政府与公众的利益存在内在统一性，维护公众的利益，也就是在维护政府的执政之基，树立政府的公信力。政府作为权力机关与公共服务部门的统一体，其执政行为就是要用手中的权力维护人民群众的利益。这一原则既合乎社会道德准则又符合法律精神，更符合现代政府执政为民的理念。

四、积极主动原则

英国危机公关专家里杰斯特提出的 3T 原则，强调了危机处理时把

---

① 鲁津，徐国娇. 论政府危机公关的效益——"躲猫猫"事件的媒介传播案例解析[J]. 现代传播（中国传媒大学学报），2009（3）：32-34.

握信息发布的重要性。其中第一点就是主动性原则。以我为主提供情况，即强调危机处理时组织应牢牢掌握信息发布的主动权，其信息的发布地、发布人都要从"我"出发，以此来增加信息的保真度，从而主导舆论，避免发生信息真空的情况。

危机事件初期往往伴随着大量的流言和各种信息交汇。为保证对外信息公布的一致性，危机的处理必须坚持"一个声音、一个观点"，以正视听，掌握危机信息发布的主动性。危机事件发生后，由于政府承担着维护公众安全和利益的职能，因此政府要积极主动处理危机。政府如果沉默、消极或存在侥幸心理，将问题解释和应对的主动权交之于他人，将会非常被动。政府以积极的态度面对事件、面对公众，有利于赢得公众的理解和信任，掌握事件处置和舆论引导的主动权。即使政府需要对事件的发生承担责任，也会因积极主动的态度获得缓冲、减少压力。

（一）面对事态积极反应

政府对危机的现实情况及时评估和决策，并以此为基础采取合理行动，如快速到达现场、了解真实情况、果断发布信息。同时，政府要对事态进行科学的分析和研判，安排下一步行动。

例如新冠肺炎疫情暴发后，公众有不少焦虑和恐慌，与此同时，引起越来越多的国家以及 WHO 等国际组织的广泛关注。面对来势汹汹的疫情，习近平总书记在主持召开中央政治局常委会会议时，对新冠肺炎疫情防控工作提出了要求，先后作出一系列重要指示和批示，调研指导疫情防控工作，考察疫情科研攻关、诊疗救治工作，政府部门采取具体措施防控疫情。另一方面，通过宣传教育和舆论引导开展危机公关，凝共识、强信心、稳人心。在互联网和社交媒体非常发达的背景下，网络谣言速度之快、规模之大、影响之深，不容小觑，所以开展好危机公关尤为重要。通过危机公关，让公众知晓科学防护知识、传染病防治法以及党和政府为疫情防控所做的努力，从而理解和支持疫情防控的措施，增强对党和政府的信任和认同。

（二）政府要主动发表声明

对于危机受害者，政府需要通过媒体或现场做出必要的告知，主动承认危机的存在，提醒公众做好防范准备，尽可能减少危机损害，在可能的条件下以事实为依据对危机的真相做出解释，以赢得公众的信任。政府声明发表的形式是多样的，应该借鉴整合传播理论将新闻发布会、媒体访问、公告通知、政务微博、短信群发等传播形式综合应用，发挥各种媒介的优势，争取及时覆盖最广大群体。

官方信息的延迟或缺失是危机中谣言传播的助力器。2009年河南杞县的一则关于"放射源将爆炸"的虚假信息传播，引发当地大规模恐慌。其中的一个重要原因是，事件爆发前一个月当地一个辐照工厂出现故障之后，当地政府没有及时对信息进行通报，社会传言扩散发酵，最终导致了大批民众逃离家园的恐慌性事件。如果当时当地政府能够当机立断，积极应对，公开信息，群众就不会因怀疑揣测而轻信谣言。可惜在刚发生故障之时，在"放射源将爆炸"谣言刚传出之时，当地政府却拖延隐瞒，反应迟缓，这就使自身陷入了被动，导致了危机的酝酿和爆发。

由此可见，在危机发生之初，政府就应当主动公布真相，澄清谣言。即使由于尚未调查清楚而无法告知真相，也至少先要摆明态度，"结论未出，态度先行"的做法在实践中被证明是正确的。只有这样才能掌握信息的话语主动权，从而在最短的时间内赢得民心。

五、公开透明原则

一般情况下，突发事件发生后，由于公众和媒体的高度关注，各种猜疑、推测都会出现。真诚坦率地面对公众和媒体、公开各种危机信息是政府取信于民、凝聚人心的最佳手段。在处理事件的过程中，如果政府试图掩盖真相，特别是在媒体已做出报道时仍加以掩盖，就会引发公众的激愤。

最明智的做法是，政府要充分利用一切渠道，及时与媒体和公众进行沟通，发布权威的信息，让人们了解政府采取了哪些措施、现在的处理状况以及最新的发展情况。政府信息越公开透明，越有利于稳定公众情绪和采取应对措施，也越有利于危机事件的处置。

（一）增加政府危机处理透明度

进一步完善各级政府发言人制度以及网络信息发布制度，及时将危机的性质、可能造成的危害、已采取的措施告诉公众。畅通渠道，以诚相待，争取公众的理解与支持。在危机中，民众显得茫然、无助，希望有一个强大的政府，期待被抚慰和鼓励，并非常想了解危机的内幕和危机处置的进程。

（二）充分发挥媒体的积极作用

媒体是除了政府之外向公众提供各种信息的主要渠道，危机中媒体的作用有时超过政府。媒体可作为政府的代言人，能有效地与民众沟通信息，疏导情绪。2020 年新冠肺炎疫情期间，我国媒体工作人员深入第一线采访，大量报道了广大军人、医务人员舍生忘死，为救治人民连续忘我工作的英勇事迹，不仅抚慰和鼓励了民众，而且将一个真诚为民、形象高大的政府展现在了民众面前，取得了难以想象的积极效果。

真诚坦率、公开透明是危机管理工作中取信于民、转危为安的最佳手段。因此，当危机发生时，政府要想取得公众和新闻媒体的信任，必须保持真诚坦率的态度。政府在进行危机管理时必须注意，要把政府所掌握的真相如实地公布于众，否则一旦公众通过其他手段了解到某些事实真相或被扭曲事实的真相，政府会陷于非常不利的局面。

六、协同运作原则

危机发生后，情况常常比较复杂，不是一个部门凭借一己之力可以应付解决的。所以政府需要充分发挥主导作用，优化整合各种社会资源，协调运作各方面力量，以便各尽所能最大限度地减少损失。最主要的协同运作包括人力、信息和物资。

（一）人员的协调

政府掌握和管理大量的社会资源，这就使它在整个危机管理系统中起着主力军的作用。另外，在危机事件发生后的灾害救助阶段以及前期的危机预警阶段，参与危机应对的人员和力量还有一部分来自非政府组织。

由于政府自身的人员和力量也来自各个部门，包括交通、消防、食品、医疗服务以及军队等，所以，危机应对中的人力协同运作十分重要，政府应当协调好危机参与中的人员，包括指挥管理者、协调沟通者、技术处理者、信息收集者和发布者等。

（二）信息的协调

在政府危机管理中，政府建立了完整的信息收集分析和传播体系，通过各种渠道获得危机信息的最新消息。一般来说，政府的信息主要通过官方渠道获得，各种信息通过行政机关逐级向上传递，最后再汇总到政府公共危机应急指挥中心，这是信息的输入过程。然后，危机管理的应急指挥中心将信息收集、整理，并以这些信息为根据，制订具体行动方案或做出指示，再通过各级行政机构传递到基层，这是信息的输出过程。信息的传递不是一次就能完成的，常常需要经过多次的搜集、整理、传输、反馈、确认和输出才能完成。然而在信息的逐级传递过程中，难免会出现信息的失真问题，传递的层级越多，信息失真的可能性也就越大，因此要努力减少信息的失真。公众是信息的重要来源，由于陷于危机中的公众或者与他们有密切联系的公众对危机的情况较为了解，他们所掌握、提供的信息往往更真实、准确和及时，所以，政府在公共危机管理工作中应充分重视并利用这类信息。

在救灾过程中尤其要重视信息交流平台的搭建，通过采集民众所知晓的信息来帮助救灾行动顺利开展。在"5·12"汶川地震中，就曾出现过通过 QQ 群里网民提供的信息，寻找到适合救援直升机紧急停降平台的情况。新媒体使得分散的个体信息能够轻易被搜集，及时的互动和反馈使危机处理机构能更快捷地掌握各类情况。

（三）物资的协调

物资是解决危机的物质基础和重要保障。仅有资金，并不一定能及时购买到需要的物资，没有物资也就无法解决实际问题。政府在危机管理中，会储备一定量物资以应对可能出现的公共危机。

物资的储备量、种类和比例根据相关评估部门或专业机构的评估预测来确定，以应对相应程度的危机。但如果政府所储存的物资不能完全满足现实的需要，或者不能及时被送达受灾地区，那么公众在危机中提供的物资就能弥补政府应对危机的不足。2020 年的新冠肺炎疫情中，广大企业将大批生活补给、衣服等物资捐献给隔离地区的民众和战斗在一线的医护人员，极大地减轻了政府的物资供应压力。

七、追求效率原则

由于危机往往是在意想不到的情况下发生的，因此，危机中的决策面临的形势不同于常规状态下的决策。就其特点而言，一是时间的紧迫性。危机由于事态严峻、后果严重，要求决策者在尽可能短的时间内做出反应。二是事态的严峻性。危机发生后，事态的严峻往往足以危及整个社会生产、生活秩序，因此，决策者所要处理的问题比正常状态下的问题要严重和复杂得多。三是信息的不充分性。危机发生后，决策者及辅助人员和机构不可能有很多时间去搜集大量信息，只能依靠不充分的信息做出决策。

基于以上特点，政府必须迅速由常规管理转向应急处置，以有效控制危机的扩散、蔓延，最大限度地减少危机带来的危害和破坏，提高应急处置效率。实践证明，政府组织对危机的处置，往往情况非常紧急，很难按照常规管理方式按部就班进行。在紧急情况下，需要领导者迅速做出决策，调动大量的人力、物力，需要调动不同部门、单位的资源，而分散的部门化的管理模式是不能适应紧急情况的，一个高效的指挥体制来进行快速决策和调动社会资源是重中之重，另外，指挥人员的个人素质和能力对处置的效率也有较大影响。面对突然发生的公共危机，不仅需要处置公共危机的领导者具有不同于常人的心理素质，临危不惧，正确决策，指挥得当，给群众以信心，以稳定局势；而且需要他们敢于决策、敢于拍板，决策时果断及时、不拖泥带水。在紧急处置公共危机时，领导者还要敢于赋予一线处理者随机应变的权限，防止上报到反馈之间的时间差导致危机的进一步扩大。

第三节　政府危机公关的评估

危机的爆发不仅会造成社会危害，处置不当也会给政府形象带来影响。政府应对危机的能力和态度，体现出政府组织的效率和对自身职能的认识。在事后对政府危机公关进行评估，不仅是对公关活动实施过程和效果的评价检验，而且也是对政府强化"执政为民"理念、提高社会治理能力的有力促进。通过分析危机爆发的原因和应对过程中的经验教训，推动政府危机公关的法制化、科学化和规范化。除此之外，评估也是对政府相关人员激励和问责的重要依据。对不同阶段政府应对表现的评估，可以作为相关责任人员管理绩效考核的指标，督促和指导相关人员在日后的工作中加强危机意识、提高执行能力。本节将从原则、内容和方法三个方面，对政府危机公关的评估进行介绍。

一、政府危机公关评估的原则

评估是一项非常重要的工作，评估工作是建立在方法的科学和过程的规范基础之上的。从科学和规范的要求出发，政府危机公关的评估必须遵循以下原则。

（一）客观性原则

调查和评估的目的是真实准确地了解政府危机公关的状况，所以，坚持客观性原则保证调查情况的真实性，是相关评估工作首先要遵循的原则。

客观性原则首先要求进行调查评估的人员和部门应该是相对独立的，应具有一定的独立性。独立是调查客观的重要保证，没有独立性，评估就难以实现客观。成立了相对独立的调查部门和委托第三方进行评估是保证调查中立立场的常用办法。客观性原则还要求调查评估者保持冷静的头脑和审慎的态度，能够通过科学的调查方法和观察判断分析所获取信息的真实性和可靠性，不被虚假信息误导。

（二）全面性原则

在政府危机公关状况调查中，调查者要保持深入、扎实的作风，根据调查目的，全面系统地收集有关政府危机公关的信息资料，多方面、多角度地了解和分析事物的整体状况，从复杂的现象中抓取问题的本质。调查者在进行调查时，应使调查的材料真实反映公众对于政府危机公关工作、政府形象评价的全面意见。

一是被调查者应包括不同类型的公众，如不同职业类型、不同收入水平、不同教育层次、不同年龄段以及不同性别的公众。二是调查所得的资料必须全面，从调查者那里既要了解从正面对政府形象进行褒扬的意见，还要听取批评的意见；既要注意多数人的一致意见，也要注意少数人不一致的意见，并注意这些意见之间的内在联系。

（三）时效性原则

政府危机公关调查所得信息的价值与提供信息的及时程度成正比，所以调查者要注重信息搜集和分析的时效性。另外，时效性要求当调查计划开展时，就应该尽快掌握特定时刻被调查者的态度和意见，一旦延误，所得的调查材料往往不能真实反映现实情境。在网络化环境中更是如此，面对海量且碎片化的网络信息，要了解危机全过程中信息的流动情况，就应该及早着手，防止后期各种问题导致信息难以收集。

（四）可行性原则

可行性原则要求调查评估的程序、指标、内容、结果等应形成相对稳定的具有可操作性的模式。在政府危机公关活动的诸多环节中，评估是最容易被忽视甚至省略的一环；如果评估缺乏可行性和可操作性，设计得过于复杂，会给调查带来更大的阻力，不利于评估活动的顺利开展。可行性原则体现在可测和经济两个方面。

可测是指调查的问题或想知道的信息是可以通过科学手段获得的。评估人员要选择合适的评估方法和测量工具，评估方案设计要方便、简洁，便于操作，易于度量。经济是指调查要在成本评估基础上实现效益最大化，节省人力、财力。经济原则要求在调查中选择合适的调查人员和调查方法，争取用最少的投入获取最大的效益。因此，政府危机公关评估要注意控制投入和产出比，把评估作为切实有利于政府公关的活动来开展，杜绝铺张浪费。

二、政府危机公关评估的内容

所谓政府危机公关评估就是对政府应对危机的准备和举措的有效性进行评估，最终目的是改进和提高应对公共危机事件的能力。其主要内容包括：危机预防体系评估、危机响应过程评估和危机处置效果评估。

（一）危机预防体系评估

公共危机的应对是一项长期而复杂的系统工程，预防体系和日常的实践演练直接影响危机应对的速度和效果，因此对预防体系的评估是政府危机公关评估不可或缺的一部分。

1. 法律法规完备性评估

"有法可依"是依法治国的前提，危机应对与处置同样需要法律法规进行制度保障、明晰权责。地方性规章制度同样也是评估中的主要内容，是衡量地方政府危机公关准备工作的重要指标，对法律法规的评估可以从有无和是否细致两个层面进行考量。

2. 应急预案科学性评估

预案是危机事件应对的指导性文本，制定内容详尽、操作性强、指导性明确的危机应急预案是预防工作的重点。政府相关部门不仅要制定预案，还要不定期地组织相关人员进行演习和操练，提高政府危机应对能力。

3. 危机应对组织机构评估

政府危机公关同样是一种管理，卓越的管理体系不仅要有计划、组织、控制、指挥、协调等活动，还要有好的管理体制，其中包括领导体制、协调体制、责任分工等。组织机构评估主要考核是否成立了统一管理的危机应对机构；是否拥有常设性办公室开展日常危机预防工作；组织机构人员是否拥有合理互补的知识背景结构，并接受过专业的培训，具备专门知识储备；常设机构与组成部门（人员）之间是否拥有良好的信息沟通渠道，分工是否明确。

4. 危机预警工作机制评估

该项评估主要针对政府是否建有专门的危机预警工作体系，是否有专人负责网络或相关信息的监控，并能够及时对风险进行评估。信息搜寻、整理、处置和反馈的速度都是评估的重要指标。发现危机之后的应急管理启动情况也是评估的内容。突发性和紧迫性是危机爆发最大的特点，而且危机具有极大的危害性，这要求政府应在最短时间内意识到危机的存在，并迅速做出反应，派出调查人员、收集相关信息，如危机出现的起因、事态状况等。只有这样，政府才能掌握主动权，尽可能减轻危机事件的损害。此时评估的主要内容有以下两点。

一是从发现危机到采取行动应对危机的时间差。时间差越小，说明政府危机公关的速度越快，应对危机的能力越强。

二是政府制定危机公关方案的速度。方案制定越早，越有利于危机的解决。

（二）危机响应过程评估

对危机管理过程的评估体现了对政府应对公共危机能力的一种评价。一方面，通过评估可以有效地控制和监督政府部门在危机管理过程中的合法性和合理性的问题；另一方面，通过评估来积累知识和经验，提高政府应对未来公共危机事件的能力。

1. 政府应对危机的各种能力的评估

政府危机公关是一个系统工作，涉及多个系统和部门，并且事件越复杂，所涉及的系统和部门就越多。作为危机公关的主导力量，政府要调动各方力量，协调好各方机构、人员、物资，高效地应对危机。这就考验了政府应对危机的各项能力。此项评估的主要内容有以下几点。

一是资源调配能力。突发事件的应对需要各类资源，要求政府的危机事件应急管理组织具有资源的运筹调配权力以及高水平的调配能力。

二是现场应变能力。这反映政府应对突发事件的应变能力。危机事件的突发性和扩散性要求政府具备随机应变的能力，以快速有效地控制和处理危机事件。

三是组织决策能力。这反映政府的危机事件应急管理组织做出决策的时效性。危机事件要求组织决策迅速、决策方案有效可行。

四是多方协作能力。危机事件的应对，需要政府各个部门和民间组织的协作。政府需要掌握不同部门、不同人员甚至不同地域的协同管理能力、多方协作能力的高低，同时也可以反映政府的协调管理能力和资源调配能力。

2. 信息传递和沟通的评估

大量的信息流贯穿于危机公关整个过程。从一定意义上说，无论是协调，还是行动，实质上都是对危机信息的反应和处理，实现对信息的有效管理，提高危机信息的收集、加工、处理和传播的能力，是危机应对的重要环节之一。此项评估的主要内容有以下几点。

一是信息的真实性。信息的真实性，影响公众对政府的信任程度和政府在公众中的形象。

二是信息量的大小。信息量越大，越能满足公众求知的欲望。

三是信息渠道的畅通性。这包括新闻发言人制度运行的评估、信息传播渠道选择的评估等。

3. 行使职权的合法性评估

在危机中，可能需要特事特办，但是不能以此为理由背离法治的轨道和原则，这就要求政府在处理危机事件时行使的职权要符合相关的法律法规。此项评估的主要内容包括以下两点：一是行使职权的主体合法，二是行使职权的行为合法。

（三）危机处置效果评估

政府危机公关效果评估，就是评估人员在危机公关活动结束后，根据特定的标准，对政府危机公关的工作效果和影响进行评价和检验。政府危机公关的目标是最大限度地减少危机事件带来的损失，帮助组织控制非常规局面，并通过应对危机的行动塑造良好的政府形象。其根本目的就是保障公众的利益，满足大众的需要。所以，政府危机公关效果评估，应当以公众为核心，调查公众的满意度。此项评估的主要内容有以下几点。

一是公众信任度，反映公众对政府处理危机事件能力的信任程度。

二是公众知情度，体现出政府对公众的尊重。公众是国家的主人翁，有权利知道正在发生的事情，并且信息的公开可以避免造成混乱局面，主动让公众了解事态的进展，还有利于调动多方资源。

三是公众应对危机意识的受教育程度，反映了政府对公众进行识别和应对危机事件的素质能力的培训和教育。

危机管理过程结束后,哪些方面存在问题、哪些问题需要进一步改进,是危机管理评估活动的重要内容。要通过对危机管理结果的评估,变危险为机遇,促进危机后学习机制的建立和积极主动的组织变革。

三、政府危机公关评估的方法

评估过程中方法的选择应该与调查的内容相适应,根据调查目的和调查对象选择最恰当的方法。

(一)问卷调查法

问卷调查法,是调查者采用预先设计好的结构化、标准化问卷对特定对象进行访问调查的一种方式。问卷调查是最常用的调查方式,根据问卷形式的不同具体可以分为:网络问卷调查、电话问卷调查、邮寄问卷调查和现场问卷调查。

1. 网络问卷调查

网络问卷调查是以互联网为载体,利用电子邮件、特定网站和网页收集、整理统计资料的一种调查方法,是传统调查技术的新发展。网络问卷调查具有不受时空限制、节省成本等优势,但是其受访者缺乏有效筛选,样本缺乏代表性。

2. 电话问卷调查

电话问卷调查是调查者通过电话提问,对受访者进行提问并记录的一种调查方式。这种方式有信息反馈快、成本低、辐射范围广的优点,但是问题不能太多,因此调查内容的深度受到限制。

3. 邮寄问卷调查

邮寄问卷调查是将问卷邮寄给受访者,访问对象完成问卷后将问卷寄给访问员的一种调查方法。邮寄调查的关键在于要获取一份有效的邮寄名单,而政府在这方面有一定的优势,因此这一方法在政府危机公关评估中具有一定的适用性。同时,邮寄问卷调查具有空间范围广、成本低、干扰受访者的因素少等优点，缺点是回收缺乏可靠保证。

4. 现场问卷调查

现场问卷调查是访问者通过现场发放和口述问卷的方式，当场回收问卷的一种问卷调查。这种方法的优点是问卷的回收率高，但是会增加被访者的心理压力，使其产生防御心理，不利于调查公众对与政府相关的敏感话题的看法。

（二）访谈法

访谈法是指调查人员围绕特定主题，与公众进行对话交流以获取信息的调查方式。根据调查员对访谈过程的控制程度，可以分为结构性访谈、非结构性访谈、半结构性访谈。

1. 结构性访谈

结构性访谈，也称为标准式访谈，根据一定的步骤，访问者按事先设计好的访谈调查提纲依次向受访者提问，并要求受访者按规定标准进行回答。这种方法最显著的特点就是访谈提纲标准化，可以把调查过程的随意性控制到最低限度，能比较完整地收集到研究所需的问题。结构性访谈用于较大范围的、正式的调查，相当于面对面提问的问卷调查。

2. 非结构性访谈

非结构性访谈，也称自由式访谈，与结构性访谈不同，它事先不制定完整的调查问卷和详细的访谈提纲，也不规定标准的访谈程序，而是由访问者按一个粗线条的访谈提纲或就某一个主题与受访者交谈。这种访谈相对自由，能根据访问者的需要灵活地转换话题，追问重要线索，从而获得比较深入、丰富的资料。

3. 半结构性访谈

半结构性访谈，介于结构性访谈和非结构性访谈之间，它有严谨、标准化的题目，对访谈结构有一定的控制，同时也给被访者留有较大的表达自己观点和意见的空间。所以，半结构性访谈既可以避免结构性访谈缺乏灵活性、难以对问题进行深入探讨等局限，也可以避免非结构性访谈的费时、费力等缺陷。

（三）自我评估法

自我评估法，就是由主持和参与公关计划实施的人员以自我感觉来评估工作效果的方法。由于当事人自我心得和心境的特定作用，这种评估的结果往往是比较独特的，通常表现为：别人感觉不错的地方自我感觉不好，别人感觉不足的地方自己却相当欣赏，感觉与表达不一致等。

1. 组织评估法

组织评估法，就是由本组织出面对公关工作效果进行评估的方法。这种评估一般由组织的主要负责人主持，由组织的各部门负责人或有关人员参加，公关计划实施的人员一定要回避，以免影响评估的效果。这种方法简单、直观，也比较常用。

2. 组织活动记录法

组织活动记录法，是在组织实施政府公关活动前后，坚持在组织日常活动中，记录有关标志和指标的变化；在评估时，依据记录的资料，选择一定的标准进行比较，然后得出评估结论。因此，全面、准确的活动记录是重要的效果评估资料。

（四）公众评估法

公众评估法，就是依据公众的反应评估工作效果，可以通过谈话等方式，就固定问题，随机地向被询问者提问，然后将公众意见汇集、整理，形成综合意见的方法。公众评估法是一种重要的评估方法，通过调查研究公众的反应，可以确认公关工作在影响特定公众的认知、态度、观点和行为等方面可度量的效果。

（五）专家意见法

专家意见法，是邀请或聘请政府外部专家对政府危机公关工作进行评估的方法，主要适用于对不易量化的公关效果进行定性评估。德尔菲法（Delphi Method）是一种比较理想的专家意见法，其步骤如下。

一是由主持人拟好调查评估项目，并给出评价标准。

二是邀请若干名知识丰富、熟悉情况的专家。

三是请专家匿名、独立地就拟定的项目发表意见。如果意见分散，则将上一轮意见汇集整理，反馈给每一位专家，请他们重新发表意见，直至意见趋于一致。

四是汇总得出能代表大多数专家意见的结论，作为专家集体对政府公关活动的评估。

（六）媒体内容分析

媒体内容分析，是通过对传播媒介发布的政府危机公关相关信息情况的统计分析，评估政府危机公关信息的传播情况和效果。

1. 定量分析

通过定量分析，准确评估公关活动的信息传播情况和影响范围。

一是政府危机公关信息的传播速度。单位时间内传播的信息量越多，或一定信息量传递所需要的时间越短，就说明传播速度越快。

二是媒体报道的篇幅和次数。篇幅越大、出现的频率越高，引起公众注意和兴趣的程度就越高。

三是公关信息的接收率。通过调查，得出接收到政府危机公关信息的公众人数占调查人数的百分比。

2. 定性分析

通过对新闻进行分析，可以从相关报道中了解政府危机公关的实际效果。

一是报道时机。报道的时机是否及时、适时，以配合组织的工作，对政府危机公关有重要影响。

二是媒体报道的内容。报道中对组织成就、发展情况等正面内容报道越多，效果就越好，政府在公众中树立良好形象的可能性也越大。同时，报道是全面报道还是摘要报道，是重点报道还是一般报道，是重要版面还是次要版面，这些差别都会产生不同的报道效果。

三是媒体的层次和重要性。层次高、重要的媒体，是指那些级别高、覆盖面广、具有权威性和影响力强的媒体。这些媒体发表对组织有利的报道，往往比其他媒体更有利于提高组织的知名度和美誉度。

其中，前两种评估方法，即问卷调查法和访谈法，具有一般性，可以贯穿于政府危机公关评估的始终；后四种方法是根据政府危机公关的特点，从而选取相对合适的评估方法。在政府危机公关评估中，上述几种方法是全部使用还是有选择地使用，应当根据需要评估的工作内容而定。

有学者根据组织系统理论，将评估体系的内容具体化为"反应速度""调查评估""危机决策""资源配置""媒介管理""处理效果"指标，针对不同的表现分别赋予不同的分值，对危机公关进行量化衡量。在此，对其内容进行整理，以供参考（表 2-1）。

表 2-1　评估体系的指标分类[①]

指　标	内　容
反应速度指标评估	90 分及以上：在第一时间，到达现场采取措施，启动预案；进行表态承认危机存在，对利益相关者进行告知和解释；组织正面舆论引导抢占先机 80—89 分：在第一时间内采取了措施，但忽略了在第一时间内表态 70—79 分：采取措施和表态基本及时，但都没有抢占第一时间 60—69 分：落后于社会上其他组织的反应，表态和采取措施都比较迟缓 59 分及以下：落后于社会上的反应，同时没有表态或者没有采取措施

---

① 董传仪，葛艳华. 危机管理经典案例评析[M]. 北京：中国传媒大学出版社，2009：58.

指　标	内　容
调查评估指标评估	90 分及以上：在第一时间内，组织展开对危机的全面调查评估；新闻发言人随时跟进调查情况，并及时、流畅、真实地向利益相关者或者外界进行信息披露 80—89 分：在第一时间内进行了调查评估，但忽略了新闻发言人对调查情况的掌握，新闻发言人对此能及时跟进 70—79 分：调查评估和表态基本上及时，但都没有抢占第一时间 60—69 分：调查和评估都比较迟缓 59 分及以下：没有展开及时的调查评估，或者没有进行调查
危机决策指标评估	90 分及以上：在第一时间内，对组织成员进行危机处理动员和正确的思想调整，制定科学、高效的危机管理流程；新闻发言人具备有效、有策略的信息披露计划 80—89 分：在以上几个方面中忽略了对组织内成员进行思想动员和调整 70—79 分：制定了科学、高效的危机管理流程；但对组织内成员的思想调整和新闻发言人的规划制定都比较粗糙 60—69 分：只制定了危机管理流程 59 分及以下：没有及时制定危机管理流程
资源配置指标评估	90 分及以上：有效保护危机发生后的各种资源；及时调动必需的人力资源和物质资源；积极调配各种社会资源，如各种专家、行业组织等，有效减轻危机危害程度 80—89 分：在以上三个方面中忽略了对社会资源的调动，或者调动不积极 70—79 分：在上述三个方面中，保证了必需的物质和人力资源，但是综合协调不好 60—69 分：物质资源和人力资源配置基本上能够满足危机处理需要 59 分及以下：各种资源配置比较混乱，甚至不能满足危机处理要求
媒介管理指标评估	90 分及以上：同媒体具有良好关系；有效引导媒体议题；及时疏导信息控制舆论；合理地加工发布信息；新闻发言人能够代表组织展现良好形象，起到引导舆论的关键作用 80—89 分：在以上五个方面中忽略了日常同媒体的关系维护 70—79 分：在上述五个方面中，日常不注重同媒体关系维护，不能够有效管理媒体议题 60—69 分：新闻发言人的表现不太好 59 分及以下：同媒体产生冲突
处理效果指标评估	90 分及以上：采取补救措施坚决；改正错误及时；态度诚恳；对利益相关者进行了适当补偿，并获得谅解；对有重大社会影响的事件及时进行了公开道歉，以求获得谅解 80—89 分：基本上获得了利益相关者的满意和社会的谅解 70—79 分：获得了利益相关者的谅解，但是与社会公众的沟通尚有欠缺 60—69 分：在法律意义上实现了平息危机，但是社会认可程度尚有争议 59 分及以下：处理效果没有得到利益相关者的认可和社会的谅解

第三章
政府危机公关与新媒体

在媒介化社会当中，政治与媒体关联紧密，不仅媒体的运行机制和身份属性受政治因素的左右，而且媒体同样对政治生活进行渗透和影响，成为政治活动开展和政府管理实施的重要工具。"21世纪政治中的诸多时代变化都与媒体的参与息息相关。媒体不仅是导致这些变化的原因，还为其提供了进一步变化的架构支持。"①传统媒体时代向新媒体时代的演进更是将媒体的政治功能放大和凸显。新媒体的大规模运用，推动着人们私人生活和公共生活的改变，传统的传播分类之间的边界越来越模糊，当一个人在自己的微博上发表个人经历和想法的时候，我们很难界定这到底是一种自我传播（self-communication）还是大众传播（mass-communication）。通过新媒体平台，民众发布观点、组织运动，"草根"的力量获得了进一步释放。在政府危机公关中，新媒体的地位与作用如何？新媒体拥有什么样的角色特征？这是本章讨论的主要内容。

第一节　政府危机公关中新媒体的地位与作用

在政府危机公关中，新媒体既是危机公关的客体，又是公关实施

---

① ［美］W. 兰斯·本奈特，罗伯特·M. 恩特曼. 媒介化政治：政治传播新论[M]. 董关鹏译. 北京：清华大学出版社，2011：1.

的工具，在其中有着双重性身份。这种特殊性使媒体在危机之中可能同时扮演着两种角色，既是危机的制造者和扩散者，又是危机的预防者和处理者，这是其地位的特殊性所在。从整体上看，政府危机公关是一项复杂的系统工程，与政府的许多其他职能活动相比，政府危机公关活动表现出长期性、艰巨性和复杂性的特征。在危机的不同时期，政府需要从不同方面进行公关活动。对于危机阶段的划分，伯奇和古斯把企业危机分为危机前（pre-crisis）、危机（crisis）和危机后（post-crisis）三个大阶段；芬克在其提出的危机生命周期理论中把危机分为潜伏期、爆发期、扩散期和解决期四个阶段；米卓夫把危机分为五个阶段：信号侦察阶段、探测和预防阶段、控制损害阶段、恢复阶段和学习阶段。在危机阶段论的基础之上对危机公关和危机管理进行分析和研究也是国内外学者的惯用路径。罗伯特·希斯提出了危机管理范畴的 4r 模式，即缩减(reduction)、预备(readiness)、反应(response)、恢复（recovery）；诺曼·奥古斯丁将危机管理分为六个阶段，即危机的避免、危机管理的准备、危机的确认、危机的控制、危机的解决、从危机中获利。本节将以危机阶段论为基础，讨论在危机应对的各个阶段中新媒体的作用。

一、危机前的新媒体

危机前阶段防控和预警是政府危机公关的主要工作。政府及其部门要以本地或自身职能领域为基础建立预警机制，培育化解风险和应对突发危机的能力。在此过程中，充分利用新媒体与网民建立良好的公共关系，使用新的技术手段对网络信息进行筛选和过滤，有助于风险的规避和发现。

（一）危机预警

预警是危机公关中的前设环节，及时有效的预警能够帮助政府化解潜在风险、分析危机发生的可能性及其危害程度，最大限度地降低危机所导致的损失，为有效应对危机争取更多的时间。政府要能够利用发达的信息网络，及时发现危机存在的前兆，及时采取行动，争取将危机处理解决在萌芽状态，防止危机的全面爆发。

在网络空间中，民众通过各种新媒体平台发布信息，网络因此汇聚了公众的各种意见和舆论。政府要关注和及时发现公众的不满情绪及行为，了解公众心声，以及引导舆论，尽量解决公众遇到的问题。因此，政府要发现网络媒体在传达民意、发现危机征兆方面的先天优势，树立利用新媒体进行危机预警的意识和理念。从发源于网络的政府公关危机的特点来看，虽然多数网络事件都事发突然，随机性强，但从征兆出现到危机爆发总有一些信息、观点和态度是在网络渠道上能够显露出来的。因此，网上公共危机是可以进行监测的。对网络信息传播渠道，如新闻网站、论坛/社区、博客/微博、微信等，设立关键词，每日实时进行信息监测。一旦发现某些事件的点击率、转载率、评论量等指标超过一定阈值，便对事件进行预警。

在对危机信息进行监测的同时，要及时对监测到的异常信息进行归纳和分析，对那些可能产生危机的热点、敏感点、危险点等进行重点研究，识别可能存在的威胁，防范危机于未然。在对网上的危机信息进行分析时，可以借助相应的信息技术。例如，可以通过数据挖掘、信息检索、网络抓取、自然语言处理等手段来提取重要信息或关键信息。然后，要及时把经过分析处理的各种信息提交给危机监控部门，由其进行专业评估，根据其分析结果来判断是否需要发出警报并进行危机预警。网络危机预警可以借助和使用一些危机监测系统和危机监管机构，比如方正智思互联网舆情监控分析系统、TRS 互联网舆情管理系统、人民网舆情数据中心等，这些系统和机构都是为政府进行危机决策提供辅助服务的，能够及时把握地方社会舆论动向、热点动态以及群众对突发事件的意见。根据搜集而来的舆情汇总结果，接下来就要制定危机处理预案。政府决策者针对可能发生的危机进行预测，明确危机处理的原则、步骤、人员和责任关系，并将应对危机所需要的各类型资源进行配置，为随后可能开展的政府危机公关做好必要准备。

（二）事前准备

风险社会语境下，危机的爆发是不可避免的，基于这一前提，政府可以及早对可能发生的各类危机进行分类，并进行相应的准备。在事前准备方面，新媒体能发挥的作用有三个方面。

第一，通过新媒体平台对民众进行风险教育，培养民众应对灾难性事件的能力。在危机公关的事前准备工作中，针对社会成员所进行的危机教育是重要的一个环节。利用微博、微信等新媒体工具不定期向用户传播相关信息，帮助民众树立危机意识，建立"随时随地可能爆发危机冲突"的基础认识，学习相关应急技能，能够有效降低突发性危机的破坏效果。

第二，利用新媒体平台对民众进行媒介素养教育，提高民众认识和使用媒体的能力，鉴别网络谣言和虚假信息。这样民众在危机发生时，能够快速树立正确的公共危机价值观，以谨慎的态度看待网络中关于危机事件的各种信息，自觉抵制谣言，帮助政府一同克服危机所带来的困难。

第三，完善新媒体政府公共关系维护平台功能，增强与民众的日常交流，培养良好的公共关系，加强发生危机后政府的舆论引导能力。在传统媒体环境中，政府可以通过对媒介信息的控制来实现对舆论的引导。在新媒体时期，不同于政府意见的信息大量传播，再加上受众的自我议程设置会大大削弱政府的舆论引导作用，在这种背景下，政府在日常的网络管理和运作中要注意在新媒体上培养、塑造"自己的"意见领袖，他们在危机时能代表政府发出声音，提高政府舆论引导的能力。

总体来说，在危机前阶段，政府应该充分利用新媒体与民众进行互动了解，系统地关注网络论坛及微博等新媒体平台，分析与自己有关的热点话题，用互联网的沟通方式与网民进行沟通。政府应该采取理解与尊重的言谈和思维及平等和亲近的语言风格，拉近与网络意见领袖的距离，建立起政府与网络意见领袖的良好关系。此外还要注重在政府内部人员中培养网络意见领袖。鼓励政府相关人员经常参与网络讨论，在日积月累中培育和建构网络影响力。

二、危机中的新媒体

当危机不可避免地爆发时，限制影响范围、降低危机损害成为政府危机公关工作的核心，而在此环节中，新媒体的控制和使用对于信息发布、民意疏导和社会动员等都有非常大的帮助。

（一）发布和搜集相关信息

危机爆发后，民众对相关信息的需求强烈，政府必须及时地满足民众的知情权。网络信息公开平台主要是以政府网站为主体的网络信息公开系统，在危机中及时发布危机信息，迅速传递信息，及时遏止谣言的产生和传播，强化政府形象。新媒体除了快速及时地发布事件相关信息，还可以利用其网络传播的广泛性和互动性为政府化解危机带来便利。政府通过新媒体可以传达政令、加强协调沟通、减少处理环节和时间、扩大信息覆盖面、了解各区域实时情况、部署应对危机的措施。在利用新媒体进行信息发布时，政府应当克服两种不良倾向：一是"报喜不报忧"的单一信息发布，二是危机"失语"和应对缓慢。"报喜不报忧"片面地为网民提供单方面的信息，在面对网络多样化信息的冲击时显得单一且刻板，不利于民众了解真实情况，助长谣言的传播，影响政府的公信力。危急时刻的"失语"和信息发布的延迟，会导致政府失去舆情引导的先发优势，使后期信息交流沟通工作处于被动不利位置，不利于维护社会的稳定。

（二）吸收和组织社会力量

公共危机事件的应对需要对社会力量进行广泛动员，将一切可利用的信息、物质资源纳入应急体系，在此期间通过新媒体平台能够提高组织社会力量参与应急救灾的效率。社会力量对公共危机事件的帮助体现在信息知识提供与社会救援互助上。在危机发生后，专家、学者通常会在自己的自媒体上发表自己对危机事件的冷静理性思考，对危机的产生原因、产生过程、目前的状态和政府在危机公关过程中的失误和成功之处发表他们个人的看法，或对进一步的危机处理提出建议，此类信息为政府危机公关提供了智力支持，可以成为政府应对危机的知识补充。新媒体还能通过社会组织对危机中的受害者提供帮助，可以通过新媒体平台将慈善基金会、红十字会等公益性组织的网站链接在一起，发布救援需求，组织民众捐款捐物、参加临时救援队等，规范民间力量参与救援的秩序。

（三）危机处置中的舆论监督

由于危机处理阶段具有持久和反复的特征，动员民众对危机处置过程进行监督以保障救助的准确高效就显得尤为重要。在传统媒体时期，公众由于自身条件和能力的限制，不可能去监督政府和危机责任方是否瞒报了重要信息、采取的对策和措施是否得当、是否符合公众利益，因此媒体就成为大众监督政府的中介。新媒体为民意的直接表达提供了现代化工具，社会成员及公众团体可以通过新媒体围绕其自身的利益公开发出呼声，从而使政府在决策过程中参考各方的呼声。公共危机的治理需要各方面动用大量的人力、物力、财力等公共资源，通过网络，发起舆论监督的攻势，将视线延伸到政府监管部门和传统媒体都难以到达的区域，及时揭露和发现危机处置中的新问题。舆论监督不仅有助于政府化解危机，而且有利于推动政府总结经验，改进作风，提高控制和处理危机事件的能力。

（四）危机议题设置和引导

在新媒体环境下，政府设置和引导议题的难度大大提高，由于传播环境的改变，"把关人"在新媒体传播过程中的作用被大大弱化，通常对一些不良信息的管制都是事后删除而很难做到禁止发布。在过滤功能弱化的情况下，就需要加大议题引导的能力。针对新媒体，政府同样可以通过议程设置和意见领袖的设置最大限度地配合传统媒体，积极进行舆论引导。政府可以利用主要新闻网站和政府网站进行议程设置，传统媒体上的议题设置可以有所变化地运用到新闻网站和政府网站上，例如通过置顶、首页推荐等吸引网民关注。此外，政府在日常与网络上的各种意见领袖建立良好关系的基础上，通过对他们的引导来影响公众。这些意见领导可以是深得民心的政府官员、知名学者、权威专家、公益形象良好的明星、平时在网上具有领袖地位的明星网民等。具体的方式有：在微博、微信公众平台上发表文章，在论坛中发表主题帖，与网民在线交流互动等。通过意见领袖传达政府主流观点，强化主流言论。网民们通过讨论、与意见领袖进行交流而形成自己的观点，进而调整自己的态度和行为。因此，在危机爆发之后，政府可以通过新媒体进行议程设置，并塑造网络舆论领袖，在传统媒体的配合下，实现舆论引导的效果。

三、危机后的新媒体

在危机的善后与恢复阶段，新媒体同样能在其中发挥作用。在危机的恢复期，尤其是在公共卫生事件之类的危机过后，政府要利用新媒体向民众及时迅速地发布提示信息，强调注意事项。危机爆发期过后，民众往往会产生麻痹松懈的思想，这会给危机反弹带来机会。网络的警醒作用能够促使公众的危机意识增强，防止二次危机的发生。

对危机应对的情况进行总结和反思也是政府危机公关的重要内容。经验教训的总结主要包含两个方面：其一是针对危机发生进行总结，了解危机发生的原因，查找问题，再做好准备，避免危机再发生；其二是针对政府在危机公关中所做工作的总结，也就是反思政府在处置危机时所做出的决策和采取的行动，再从中发现可能还存在的不足之处，达到进一步健全政府危机公关制度和危机处理程序的目的。在危机事件发生后进行及时的评估和反馈，可以促进危机的解除，完善危机恢复和评估机制，尤其是通过网络中危机事件的反馈和互动建立和完善网络危机解除和评估机制。网络媒体可以充分利用反馈和互动优势，在网络中进行危机后的舆情监控管理以及网民调查等。政府可以了解网民在危机后的心理，稳定网民情绪，搜集网民的观点和意见。

另外，政府危机公关的事后处理还包括恢复公众对政府的信心，改善和提高政府形象。政府要通过各种渠道发布危机结束的信息，努力帮助受困公众迅速恢复生活秩序，积极采取有效措施，借助各种信息传播平台来重塑政府在公众心目中的形象。

四、危机公关中新媒体的负效应

以网络、手机为代表的新媒体，以及在此基础上衍生出来的微博、微信、客户端等新媒体形态，使信息传播的速度得到极大提升。这种高速化的信息传播方式在带来信息共享极大便利的同时，也加快了公共危机信息的扩散，在某种程度上对公共危机的发生起到推波助澜的作用，给政府处理公共危机带来更多的困难。

（一）新媒体增加了危机发生的可能性

新媒体增加公共危机隐患被触发的概率，使危机的防范更加困难。在新媒体平台上，各类信息齐全且层出不穷，网络信息供给纵深递进，这是传统媒体无法做到的。新媒体及时互动以及多元化传播方式的出现打破了过去信息封闭与信息短缺的局面。在新媒体上发布信息成本低廉而且方便快捷，与报纸、杂志相比，它省去排版、印刷、运送等中间环节；与电台、电视台节目相比，它又不必预先做节目安排，只要信息文稿准备完毕，通过简单的复制、粘贴就可以将分类信息瞬间传递到每一个终端用户。近年来，我国新媒体与传统媒体的快速发展使得媒体之间的竞争日趋激烈，为了博取公众的"眼球"，媒体记者们对于各种反常性新闻尤其敏感，这使得埋藏在社会生活中的危机隐患被触发的概率大大增加。

（二）新媒体扩大了危机的规模

新媒体的开放性特征使危机能够通过网络迅速扩散，在短时间内实现区域覆盖范围的最大化，再加上网络信息反复流转的特性，促使危机规模不断扩大。从信息传播和控制角度看，把关人的弱化影响危机信息传播的真实性，放大危机可能带来的损失。新媒体具有"大众对大众的传播"的特点，参与网络传播的人数惊人，而其"匿名传播"的特性，从某种意义上说，使传播者成了众多"虚拟人"，由于网络的开放性和参与性，网络把关人弱化，人们可以自由地发表意见、交流思想，但参差不齐的信息"轰炸"，不见得给公众行为带来的都是理性。在危机中，新媒体往往也会成为虚假信息和谣言传播的温床。某些群体为了避免自己的损失，维护自身利益，而故意散播很多危机谣言，在一定程度上加剧了社会动荡，增加了政府危机管理的难度。因此，新媒体所营造的部分虚拟空间为真实信息传播提供了便利，同时也使得流言传播更为方便。新媒体由于受众广泛，而且公众参与讨论的热情很高，如果公共危机事件得不到妥善处理，政府的公众形象将受到损害。一旦政府在公众中的形象破损，那政府将不得不花费大量的时间和成本来重建信任。在某些情况下，对公共危机事件的处理不当甚至会导致更大规模的危机事件发生。

（三）新媒体缩短了危机的潜伏时间

受传播介质和科层化的组织传播方式影响，危机通过传统媒体传播的速度更慢、内容受限。在新媒体信息环境下，危机信息在网络上的迅速、大面积传播，大大减少了危机应对时间，使得危机管理工作更为紧迫。新媒体加速危机信息传播，缩短公共危机的潜伏期，成为危机发生的"助燃剂"。有学者称新媒体是"5A"媒体，即 anytime、anywhere、any information、any media、anyone，即任何人可以通过新媒体在任何时间、任何地点以任何媒介信息表现形式传递任何信息。[①]互联网、手机等新媒体模糊了传者和受者的角色界定，使得任何人都可以通过新媒体传递信息和接收信息。因此，新媒体时代的信息传递

---

① 刘娜. 突发事件中的手机短信传播[J]. 东南传播，2011（1）：60-61.

由一次性转为多次性。传统媒体往往随着电台、电视台节目的播出、报纸及杂志的发行将信息一次性地传递给受众，而互联网将这一线性传播改变为折返式传播，即前期受众在接收信息后，通过对信息的不断加工复制、粘贴，使受众面不断扩大，反馈逐渐增强。危机信息在传播过程中被迅速复制，再加上信息受众的主动参与讨论（例如通过朋友圈和微信群点赞和转发、跟帖回复、微博评论留言等途径），有可能使危机迅速放大、恶化和蔓延，危机自行消散的可能性变小。

第二节　政府危机公关中新媒体的角色特征

在危机公关活动中，新媒体所处的地位和发挥的作用，与其自身所扮演的社会角色和传播特征息息相关，了解这些才能对新媒体在危机公关中的应用有更好的思考和掌握。

一、新媒体的基本社会功能

媒介以其强大的传播效果而被赋予了相应的社会功能，对媒体社会功能的研究是传播学研究的基本内容。传播学者哈罗德·拉斯韦尔、威尔伯·施拉姆和保罗·拉扎斯菲尔德等人都曾深入考察媒介的社会功能，提出了一些经典的论断。与传统媒体一样，新媒体同样具有基本的社会功能和属性，在社会信息交流、文化传播、环境监测等方面发挥作用。但是与传统媒体不同的是，传统媒体的新闻编辑权、发布权是统一的，传播什么信息、如何传播信息都在组织机构的控制之下，然而在新媒体中，这种权力被分散，传统媒体的集中化向新媒体的零散化转变，传播主体越来越多，共同的传播伦理和规范难以有效贯彻执行。这都使得新媒体在实现社会功能的过程中，在业界共识形成和自我规范方面较之以往有了更大的难度。

（一）环境监测

自然和社会都在不断地变化和发展，人类必须了解并适应这些变化和发展，才能使自身适应并生存下去。因此大众传播对社会的发展起到了"瞭望哨"的作用。媒介通过广泛、及时地收集、加工和传递信息，对社会系统环境进行监测。通过媒介，人们了解置身其中的时代环境，知晓社会发展的动态，确认自身在社会坐标系中的位置。学者克劳德·艾尔伍德·香农认为，信息是关于事物运动状态和存在方式的表达，以帮助人们"减少或消除对事物的不确定性"[1]。在现代社会，这种用以提供确定性的信息表达功能，主要是由大众媒介来完成的。

（二）解释与规定

媒介不只是单纯地从事"告知"作业，而且按照特定的把关标准，对传递的信息进行解释，并提示人们应该有什么样的行为反应。这种解释既可能产生瞬间爆炸效应，成为社会化关注的焦点；也可能形成累积效应，于潜移默化中成为社会系统的共识性规范。媒介进行"解释与规定"，是为了引导社会成员的意识和行为，起到社会调节作用。

（三）社会地位赋予

任何一种问题、意见、商品乃至人物、组织或社会活动，只要得到大众媒介的广泛报道，都会成为社会瞩目的焦点。媒介通过信息传播，可以为组织和个体贴上特定的社会地位和角色的标签。这个标签可能是知名度、美誉度的象征，也可能恰恰相反，成为令人讨厌、唾弃、抨击的对象。组织和个体一旦被媒介贴上负面的标签，便可能身陷社会规范的"制度性压力"之中。标签未能及时揭除，久而久之就会形成"刻板效应"，负面的角色形象便印刻在公众头脑之中。

（四）知识传承

媒介传播知识，同时也通过不断"求新、求异"创造知识，在自身的持续发展中使知识得以传承和丰富。这也使媒介在文化教育和人

---

[1] 李良荣. 新闻学概论 第6版[M]. 上海：复旦大学出版社，2018：8.

的社会化教育方面有着特殊的优势。新媒体的普遍应用使得信息组织的细分化和集群化特征更加明显，人们通过互联网选择自己感兴趣的内容，保持长期关注，并通过论坛、群组等方式进行讨论，形成以兴趣为导向的共同体。

（五）娱乐功能

大众传播中的内容并不都是务实的，其中相当一部分是为了满足人们精神生活的需要。媒介天然具有娱乐工业的属性，提供娱乐内容，生产娱乐产品，甚至可以极端地将所有社会要素都"娱乐化"。有研究者在统计中发现，娱乐信息占媒介信息总量的一半以上，媒介也由此成为现代社会最庞大的"娱乐场"。

二、新媒体的传播特征

与传统媒体相比，基于互联网技术和移动通信技术的新媒体具有区别于以往的传播特征，分析和了解这些特征才能有针对性地制定应对策略。

（一）全时化的传播速率

在新媒体环境中，信息传播速度不仅快，而且可以实现多信源对一个事件的长期持续跟踪，实时发布最新信息，体现出全时化的效果。传播速度快是新媒体传播的一大特征，利用网络、通信等手段可以随时随地发布信息，不受空间和时间的限制，第一时间就能通过手机发布现场情况，具有很强的时效性。现代信息传播的这种即时和快速的特点在传播突发事件信息时变得更为突出，信息传播的周期大为缩短，受众群体与信息来源之间的距离大为减少，缩短了危机信息传播扩散的周期，拉近了受众与"网络事件"之间的距离。

（二）互动式的传播过程

互动性是基于互联网技术的新媒体区别于传统媒体的最基本特

征。传统媒体的大众传播从根本上说是一种单向传播，传受双方处于时空隔离状态，信息绝大多数是从传者单向发送给受者。传统媒体的受众只能是被动的信息接收方，而难以向传播者提供有效的反馈，尽管有时候也能通过读者来信和来电来访等方式与媒体进行"对话"，但机会极为有限。网络媒体的出现，打破了这种传播格局，它的双向互动性使信息的接收者拥有了更多的主动性，受众不再像以前那样被动接收传统媒体的信息，而能够通过各种新媒体平台传递信息、发布观点。

高互动性同样也是网络事件生成的重要原因，在单向度的信息空间内，民众之间难以建立稳定有效的信息沟通渠道，煽动性意见气候形成较难。但新媒体出现之后，微博、微信等各种互动性极强的传播手段普及开来，在这些媒介上，可供人们自由交流、互动和争辩的虚拟社区得以形成，公开化的人际对话便于他人的参与和互动，推动着舆论气候的形成。因此，近年来，频繁出现网民在网络虚拟空间中以某个共同目标为中心发起运动，对现实生活产生巨大影响的情况。

（三）多样化的传播内容

传播内容的多样化表现为信息数量层面的海量性和表现形式层面的多媒体化。传统媒体时代中的信息流动呈现典型的多级化特征，从事件发生到新闻呈现中间通过了若干次的"把关"。对于网络媒体而言，为了追求信息发布和反馈的速度，一些网站有意识地降低把关的力度，甚至放弃把关，传统媒体环境中强势的"把关人"在新媒体中的功能逐渐减弱。数量庞大的网民群体进行的信息分享活动，使得网络信息在数量上可以说是近乎无限的。在海量的信息背后，另外一个明显特征就是信息的细分化组织程度更深，满足了网民对于个性化信息的需求。所以说，网络媒体的海量信息解决了信息的广度问题，而信息组织的细分化又解决了信息的深度和专业化问题，正是因为新媒体能够满足网民多样化的需求，从而保障了新媒体用户群体的稳定增长。

传播形式的多媒体化是指新媒体能集报纸、广播、电视等传统媒体的信息传播形式为一体，实现文字、图片、声音、视频等传播手段的有机结合。传播同一新闻事件，报纸用文字、图片，广播用声音，电视主要用声音、画面，而网络则皆可用。多媒体化不仅可以作用于受众的多种感觉器官，为受众带来强烈的综合感受，还能给受众带来大量的信息。与传统媒体相比，新媒体的传播内容更为丰富，传播手段更加多样。

（四）多元化的传播主体

在新媒体环境中，信息的传播者不再局限于某个特定的机构或者媒体，每个民众都有可能参与其中，都可以拥有自己的信息发布平台。与传统媒体单一化的传播主体相比，互联网使人们拥有了实现平等传播和表达思想权利的机会，促进了社会观点、意见的多元化。主体的多元化能够更好地反映社会不同阶层、不同区域民众的愿望和要求。在开放的网络空间里，在不违反法律法规的前提下，在这种"人人都有麦克风"的传播格局里，多元化和匿名化是讨论传播者时经常涉及的名词。网络的虚拟性赋予了网民匿名化的能力，在新媒体空间中，民众在信息发布时选择是否公开自己的身份，或虚构一个网络昵称或是注册一个真实交友账号。从某种程度上讲，匿名性特征缓解了民众在传播中所承受的群体压力，受众可以自由地表达看法与态度；但是隐匿性又使得网络空间成了一个理想的情绪发泄和张扬个性的场所，使人错误地感觉可以对自己的言论不承担任何责任，助长了网络暴力和网络谣言的生长。信息传播权的普及分享和匿名效应的综合作用使得网络传播多元化效应明显，现实生活中体现个体差异的金钱、知识等要素在网络中被淡化，交流的平等性要强于基于现实状态的传统传播方式。

三、政府新媒体应用的主要类型

在应对新媒体环境带来的变化时，政府不仅应该考虑如何管理和控制，还应该主动融入新媒体环境当中，通过新的形式开展政治活动、传播政治理念、实施社会治理、推进电子政府、加强政务公开。政府应进一步完善政府信息发布网络的功能建设，在危机公关中利用网络媒体实时更新的特点，及时发布最新消息，使公众尽快得到关于危机事件全面、深入的相关信息报道。此外，政府还要在新媒体技术支撑下，不断开发和完善信息交流平台，通过新媒体的开放性和互动性实现与民众的交流对话，在向公众释疑的同时深入了解公众的意见和要求，掌握社会舆论动态。在危机事件中可以通过网络交流缓解危机对于社会公众的巨大心理压力，实现对社会公众的有效动员，在提高资源的利用率并降低相应成本的基础上推动危机管理效能的提升。

（一）政府网站

在 20 世纪末，我国就已开始筹划和推动政府上网工程，要求各地政府部门利用计算机通信技术，在因特网上建立正式站点，推动政府办公自动化与政府网上便民服务，在网络上实现政府在政治、经济、社会、生活等诸多领域中的管理和服务职能。随着网民数量的急剧增长，依靠网络获取信息的民众越来越多，政府网站已成为政府与公众联系的中介，它是政府对外服务的工具，具有很强的服务性。因此，政府网站作为发布政策、信息的一个平台，应充分抓住网络受众，发挥对网络受众的影响力、对社会舆论的控制力。从功能上看，信息公开、在线办事和公众参与是政府网站的主要功能定位。[①]

1. 政务信息公开窗口

"政务信息公开"应重点强调政府网站公开信息的全面性和实效性，并兼顾信息的准确性与完整性。所谓全面性，即强调政务公开应"以公开为原则，不公开为例外"，政府网站发布的政务信息应当力求全面地反映政务工作的过程和结果，全面地共享经济建设与社会生活

---

① 张向宏，张少彤，王明明. 中国政府网站的三大功能定位——政府网站理论基础之一[J]. 电子政务，2007（3）：16-20.

中政府所掌握的信息资源。所谓实效性，即政务公开应做到"经常性的工作定期公开，阶段性的工作逐段公开，临时性的工作随时公开"，政府网站必须注意信息的维护与更新，及时发布最新、最具实效性的政务信息。所谓准确性，即强调政府网站必须能够代表政府，所发布的信息必须体现出权威性，因此要求各级政府网站必须具有高度权威性的信息供给渠道。所谓完整性，即强调政府网站公开的信息应当形成一个完整的体系，不仅公开过程性信息，如政务工作的计划规划和进展情况，也要公开结果性信息，如工作总结及结果公示等。

2. 在线办事平台

服务是政府网站乃至整个电子政务的生命线，而向企业和社会公众提供公共服务是政府网站的核心内容。政府网站"在线办事"服务内容应以行政事项为重点，以社会性的服务为补充；政府网站公共服务的形式应逐步从信息发布向信息交互与事务处理深度拓展；政府网站公共服务的架构必须做到"以用户为中心"，最大限度地方便用户获取各种服务。

3. 公众参与渠道

"公众参与"是政府网站的重要功能定位之一，是保障公民享有参与权和监督权的重要手段。建立健全政府网站的"公众参与"渠道是电子政务建设中的一项重要任务。"公众参与"目标定位的实现，不仅需要强调政府网站公众参与栏目本身的建设，而且更加应当注重企业和社会公众与政府交流沟通的效果，使得政府网站真正起到官民互动的"桥梁性"作用。当前，"公众参与"的主要形式包括网上投诉、领导信箱、在线调查、在线访谈和公众论坛等，这些参与渠道的建设是政府网站工作的基本内容，各级政府网站首先应当完善"公众参与"的基本渠道。更为重要的是，必须避免政府网站在公众参与中的"形象工程"和"花架子"现象，必须要保证用户提出的合理化意见和建议得到及时的处理与反馈，使政府网站的"公众参与"栏目真正具有生命力。

除了以上三种主要功能外，在政府危机公关中，还可以利用政府网站的相关平台和栏目，召开网上新闻发布会，与网民进行直接对话。网上新闻发布会通过网络将线上民众组织起来，使政府新闻发布活动向公众开放，政府可以以定期发布的形式，安排专门人员负责网上新闻发布会活动，担任网络新闻发言人。召开网上新闻发布会，应该成为政府重要的信息公开方式和手段。在危机公关中，政府网络新闻发言人应当借助各种媒体和渠道及时传递信息，以消除民众的恐慌心理，为危机的化解创造一个良好的舆论环境。网上新闻发布会，可分为"直播型"和"交流型"两种。"直播型"网上新闻发布会，是传统新闻发布会与网络媒体简单结合的产物，只是将新闻发布会的现场和内容搬到网上来，包括视频资料和文字资料。"直播型"的缺点在于只起到了信息发布的作用，而没有充分利用网络媒体互动性强的功能，依旧是以信息发布者为中心进行单向传播。"交流型"网上新闻发布会，则是在新闻发布的同时，及时与参与者进行互动交流。它克服了"直播型"新闻发布会的缺陷，实现了与参与者交流互动的目的，是网上新闻发布会的理想状态。例如，上海市司法局在上海司法行政网上开设了"新闻发布会"栏目，记者和用户进行登记后，可以获得参加网上新闻发布会的用户名和密码，登录后便可以参加网上新闻发布会，提出问题，交流感想。在危机公关中，网上新闻发布会可以实行"直播型"和"交流型"互补的新闻发布方式。由于危机中民众对相关信息的需求程度高，权威信息的传播成为关键，因此，组织新闻发布会，邀请各类媒体参加，并及时进行网上直播，是传递政府危机信息的重要措施和满足民众知情权的重要手段。在时间和人员充足的前提下，辅之以"交流型"的新闻发布，及时解答人们心中的疑惑，化解社会恐慌的心理，对于克服危机和塑造政府形象具有重要意义。

（二）政务微博

微博是新媒体中的热门应用，与政府官方网站相比，政务微博的互动性更强。政府网站的信息驳杂、涵盖面广，且以单向传播为主，民众对信息的反馈渠道有限。在政务微博平台上，民众对政务微博发布的信息可以在阅读的第一时间进行评论，每条评论会第一时间显示在微博的未读信息上，政务微博执行者看到后可及时对其进行回复，便于互动并对热点问题进行关注。同时网民也可以通过"@政务微博"或私信等形式将自己发布的信息推送过来，引发微博管理者注意，管理者可以根据相关信息的转发或评论数量对其聚焦程度进行判断，从中发现可能存在的问题，从而及时应对沟通，避免危机的扩散和爆发。政务微博在危机事件中更是要做到及时反馈、频繁互动，而不能只单纯作为信息发布的工具，失去传播优势。

广义上的政务微博有两种形态：一种是政府工作人员微博，通常被称为官员微博；另一种是政府机构官方微博，又被称为政府微博。前者由政府成员自己撰写内容并进行运营和维护，后者由组织机构指定专人负责。相比而言，前者更具个性化，后者更偏重程式化内容的发布。官员微博是官民互动的最佳平台，政府工作人员通过日常对公共事件的态度表达和意见交流，增加网民对其了解和信任度，从而成为社情民意的观察者和公共事件中的意见领袖。政府微博则更多地以组织机构的面目出现，在信息传播和互动交流时应把握好自身定位，注意言辞和语态，不应出现个人化的观点和表达。两者都是政府形象的维护者，政务微博的传播在运营过程中要时刻注意维护政府形象。维护形象并不是要"板着面孔"，由于微博同时还具备社交媒体性质，这就需要政务微博运用一定的人际传播的交流方式和技巧，在语言表达和符号使用方面尽可能贴近网民。利用微博互动性强的特点，政府可以在这个平台上与网民实现平等、直接、亲切的对话，通过发布民生、服务信息，解决网民问题，树立正面形象。例如银川市委、市政府开设的专门问政微博"@问政银川"，受众在"@问政银川"上的提问会被迅速处理，从而树立了政府高度负责的形象。又如"@上海发布"，其接地气的民生栏目，服务于市民日常生活，受到粉丝推崇，在粉丝中形成了良好的口碑。还有些政务微博结合自身职能，普及政务知识，提高公众政治素养。例如广州市纪委监委官方微博"@廉洁广州"教网民如何写举报信，详细列出了信访举报信的标准格式、参考范本，还标明了五种举报途径。广州市纪委监委称，此举便于群众更好地对违法违纪问题进行检举、控告，有利于纪检监察机关尽快核实查处各类违法违纪问题，释放政府对公众服务的诚意，有利于民众增强对政府的信心和支持。

在公共事务中，政务微博可以成为收集民意的工具，如广州市互联网信息办公室官方微博"@中国广州发布"发布微博，请市民对东濠涌的工程建设提意见、建议，并进行监督。广州市番禺区垃圾焚烧发电厂、白云山隧道等项目，相关部门也在微博上征求民意，根据民众的意见，做出了暂缓建设的决定。"微访谈""微直播"等技术，也为政务微博实现网络问政提供了保证。网民可通过"微访谈"与政府官员在线交流，如同面对面对话；通过"微直播"，网民即使不在现场也能参与公共政策听证会。在危机事件中，微博同样能成为发布预警、协商沟通的平台，在政府危机公关中发挥作用。

（三）政务微信

微信是腾讯公司推出的一款通过手机网络进行语音、图片和文字传播的即时通信工具。微信凭借大量客户群体的 QQ 及手机通讯录的整合，实现了现实世界和虚拟世界的无缝连接，形成了一种建立在移动终端上的新社交方式。

从工具特征上看，政务微信的推出便于民众自助式地对政务信息进行检索，人机对话程度高，服务效率大大提高。广东省肇庆市公安局继推出政务微博"@平安肇庆"后，2012 年 9 月又推出了公安政务微信公众平台"平安肇庆"。2020 年内，"平安肇庆"网络问政团队通过八大网络问政平台回应网民诉求 4389 条，其中业务咨询及建议4239 条，违法犯罪线索举报及治安情况反映 38 条，涉警投诉 15 条，交通情况反映 97 条。积极利用新媒体开展公开工作，"平安肇庆"政务微博、微信公众平台已成为肇庆市公安局对外宣传和群众了解该局工作动态的重要平台。"平安肇庆"微博、微信公众平台分别发布信息 1907 条、1033 条。全市公安机关在各级媒体共刊发稿件 10 345 篇

（次），策划专题系列报道 37 个。[①]

与微博相比，微信交流的私密性更强，用户与公众平台账号的互动交流其他人无法获知，使得咨询、建议和举报等互动信息变得更为隐秘，有利于保密和隐私保护。此外，微信的信息相对不易沉没，微博账号通常具有数量巨大的粉丝群体，并且按照发布的时间顺序显示，用户每天需要面对巨大的信息量，导致很多微博信息都被其他粉丝的微博所湮没。微信公众平台不仅每日更新信息较少，且会在固定位置一直保留，一旦有新消息都会有消息提醒，直到用户点开阅读此条内容为止，不易被湮灭，方便用户点击阅读，使得浏览效率更高。不仅如此，微信公众平台还能获取订阅用户的地域、性别、喜好等信息，这为信息的精准推送奠定了基础，可通过订阅用户的情况来掌握他们所需要的信息，提高信息传播的阅读率和转发率，构建自身的影响力。

从近年来的新闻传播活动来看，微信公众平台在增强突发新闻报道的时效性、向用户推送优质新闻资源等方面起着越来越重要的作用。在马航 MH370 事件中，"央视新闻"微信公众平台在 2014 年 3 月 8 日马航 MH370 失联当天，就发布了多条信息，不但实时追踪事件本身，还公布了"一图解读"、外交部应急机制、马航中国办事处电话等多方面讯息，同时开放了回复"盼平安"进入实施滚动播报平台，订户只要回复"盼平安"三字，即可收到马航 MH370 实时搜救近况，发挥了主流媒体微信公众平台在重大事件中的信息传播和舆论导向作用。[②]同样，在重大事件发生时，政务微信必须积极主动应对，运用合适的微信话语技巧，第一时间通过发布官方证言，努力积极推动现实问题的解决，以此遏制谣言的生成与传播。

再好的技术也是由人来掌握的，新媒体工具能否在政府危机公关中发挥作用、发挥多大作用其实还是取决于日常信息传播交流中所建立的公信力和影响力的大小，公信力和影响力是政府危机公关中新媒体运用的前提和基础。

---

① 肇庆市公安局. 肇庆市公安局 2020 年政府信息公开工作年度报告 [EB/OL]. （2021-01-25）. http://www.zhaoqing.gov.cn/zfxxgklm/gaj/xxgkzy/content/mpost_2472545.html.

② 陈燕. 重大事件中微信传播的舆论引导 [J]. 新闻界，2014（13）：55-58.

第四章
政府危机公关中新媒体的控制与运用

第一节　政府危机公关的现状与困境

政府危机公关是指政府面对危机事件，为了维护公众利益，减少危机震荡而进行的双向传播沟通、协调关系和树立形象的活动。所谓危机，按照荷兰莱顿大学危机管理研究中心教授乌里尔·罗森塔尔的观点，危机是指"对一个社会系统的基本价值和行为准则构架产生严重威胁，并在时间压力和不确定性极高的情况下必须做出关键决策的事件"[①]。危机事件具有对人员、资源和组织造成可见和不可见的影响的特点。根据世界发达国家的历史经验，当一个国家和地区的人均 GDP 处于 1000—3000 美元时，这往往是经济容易失调、社会容易失序、心理容易失衡、社会伦理需要调整重建的关键时期，也是危机频发的时期。美国政治学家塞缪尔·亨廷顿也曾指出，一个高度传统化的社会和一个已经实现了现代化的社会，其社会运行是稳定而有序的，而一个处在社会急剧变动、社会体制转轨的现代化之中的社会，往往充满着各种社会冲突和动荡。[②]2003 年"非典"后，危机公关引起了政府和学界的重视，危机公关的理论研究成果不断出现，政府也高度重视政

---

① [荷]乌里尔·罗森塔尔，[美]迈克尔·查尔斯，[荷]保罗·特哈特. 应对危机：灾难、暴乱与恐怖行为管理[M]. 赵凤萍译. 郑州：河南人民出版社，2014.

② 汪习根. 发展、人权与法治研究：发展困境与社会管理创新[M]. 武汉：武汉大学出版社，2012.

府危机公关工作。

一、政府危机公关保障机制的缺陷

政府危机公关是一项十分复杂的工作，需要耗费大量的人力、物力和财力，而保障机制是提升政府危机公关能力的前提。危机公关保障机制主要包括法律保障机制和物质保障机制两个方面。

（一）法律保障机制的缺陷

现代政府危机公关是在宪法和法律框架内的政府行为，提升政府危机公关能力需要加强法制建设。完善相关法律法规对于规范政府行为、提升政府危机公关能力可以起到很好的作用。我国在危机立法方面具有一定的基础，如《突发公共卫生事件应急条例》，而对现代社会复合性危机，缺乏统一的法律规范。

（二）物质保障机制的缺陷

新冠肺炎疫情暴发初期，重点卫生防疫物资的不足，导致一段时间内防控物资供应紧张。2020 年 2 月 14 日召开的中央全面深化改革委员会第十二次会议中，习近平总书记强调："这次抗击新冠肺炎疫情，是对国家治理体系和治理能力的一次大考。……要强化公共卫生法治保障……改革完善疾病预防控制体系……改革完善重大疫情防控救治体系……健全重大疾病医疗保险和救助制度……健全统一的应急物资保障体系。"[①]

二、政府预警机制可操作性不强

公共危机预警机制是指在危机演变的不同阶段，对可能引起危机

---

① 新华社. 习近平主持召开中央全面深化改革委员会第十二次会议强调 完善重大疫情防控体制机制 健全国家公共卫生应急管理体系 李克强王沪宁韩正出席. [EB/OL].（2020-02-14）. https://www.12371.cn/2020/02/14/ARTI1581684197364143.shtml.

的各种要素及其所呈现出来的危机信号和危机征兆进行严密监测，对其发展趋势、可能发生的危机类型及其危害程度做出合理科学的估计，并向有关部门发出危机警报的一套运行体系。突发事件和重大疫情出现苗头时，国家职能部门分不同等级发出警报，同时以中央政府的名义提出有预见性的建议以及科学、合理的指导意见和防治方案。科学的危机预警机制是实现危机管理高效化的关键。目前，我国某些地方政府危机公关的预警机制主要存在以下几个问题。

（一）缺乏专门、常设的危机管理机构

我国现阶段某些地方政府危机公关的范式是根据某一特殊的需要而临时设立某一机构。这种特定的机构极大地限制了地方政府在危机各个阶段的工作开展。由于缺乏有效的危机信息系统，地方政府对危机的预警信息收集能力必然受到影响，信息的不足导致危机预测缺乏科学可靠的依据，很难制定出最佳的预测方案，致使地方政府在危机爆发之前，很难预测出危机在潜伏期内种种特定的表象，使得地方政府在危机来临时显得极为被动。

（二）缺乏危机公关人才

科学有效的公共危机预警机制离不开大量高素质的人才。当前我国正处于社会转型时期，危机往往呈现不同的特点，这需要不同领域的专业人才进行交叉的配合才能发挥出各自的优势，才能对各种信息进行及时有效的分析，制定出切实可行的预警方案，以便积极有效地预测突发性的公共危机。但是，由于某些地方政府缺乏专门常设的危机管理机构，危机公关人员很难进行专门的培训，最终导致在应对危机时行动迟缓且缺乏具有合理依据的处理。

三、缺乏行之有效的多元参与机制

作为危机应对的核心力量，政府肩负着危机处理的重要责任，具有应对危机特有的优势。但是，政府并非全能，在资源和人员等

方面的组织分配上依然存在着相当的局限性。因此，危机应对的政府主体应该积极动员社会大众的力量，鼓励非政府组织积极地参与到危机处理中来，使其成为以政府为主导的危机应对体系的重要后备力量。

四、网络沟通流于形式

自从 20 世纪 90 年代以来，互联网开始在中国发展起来，网络媒体应运而生。随着网络时代的到来，我国的媒体环境也发生了变化，互联网成了一个新的信息传播平台，成了公众表达诉求并引起社会关注的有效渠道。政府部门如果有效地利用网络媒体，可以树立政府的良好形象，为公众参政议政、行使其政治权利提供便捷的交流渠道。但是，对于部分地方政府而言，其网络系统的建设不是很完善，所以，通过网络媒体进行公关的理念还没有深入当地政府公关人员的心中，他们的思维还停留在依靠传统媒体进行公关活动的经验中，还没有适应新媒体背景下公关环境的变化。

第二节　政府危机公关中新媒体的舆论监测

我国新媒体社会舆论的发端一般可追溯到1999年，人民网开设"强烈抗议北约暴行 BBS 论坛"，短短一个月论坛发帖量达到 10 万多个，网民表现出了高度的爱国主义精神，空前团结。随后，这一论坛改名为"强国论坛"，从此享誉海内外，逐渐成为我国新媒体舆论中最有声望的阵地。随着我国互联网事业突飞猛进地发展，网络论坛、搜索引擎、博客、微博、微信等的渗透率越来越高，以网络舆论为代表的新媒体舆论与传统媒体舆论一起发挥作用。

2003 年，我国政府与社会公众万众一心，战胜"非典"疫情，互联网的信息发布、信息传播、信息扩散的沟通作用开始显现。"孙某刚案"正是有了网络媒体与传统媒体齐心合力打造的舆论声势，才使得《城市流浪乞讨人员收容遣送办法》被废止。此后，网络舆论风起云涌，成为社会舆论生态中耀眼的组成部分。"虐猫事件""华南虎事件"等使得新媒体舆论逐渐从个案转向常态。2008年更是被誉为"网络舆论年"，"贵州瓮安事件""5·12汶川地震""三鹿奶粉事件"等事件使新媒体舆论一浪高过一浪。

一、新媒体舆论的特点

新媒体舆论，广义上泛指一切在新媒体中传播的社会舆论。由于新媒体大多以网络信息传播技术为基本构成要素，媒体形态的差异主要表现在信息接收终端的不同呈现方式上，因此，狭义的新媒体舆论即指网络舆论，即社会公众以网络为传播平台，对其所关注的某一现实问题所发表的一致性意见，是公众意见经由网络传播的结果。新媒体所具有的开放、互动、即时传播等特性使新媒体舆论呈现迥异于传统舆论的一些特征。

（一）议题生成的自发性

"自发"和"自觉"是事物存在的两种不同状态。"自发"是事物未受规范或约束时的一种自然存在状态，是一种缺乏自觉和反思意识的存在状态。"自觉"则是事物在遵循客观规律基础上的，具有反思意识，能够预见和调节自身发展方向的一种存在状态。在互联网产生以前，传统媒体所具有的把关和议程设置功能使舆论议题的生成更具自觉性特征，议题的类型和内容往往局限在一些重大的、显著的、反映社会主流思想价值观念的事件上，并对舆论的发展方向有着预期的定位，而新媒体舆论的议题则更多的是自发地源于网民的个人议题。在新媒体时代，传播媒介的易得和传播环境的相对自由、开放，为公众设置个人议题、发表个人意见提供了便利。网络传播所具有的高效、快捷特性和它产生的聚合、放大效应，则可以使单一的个人议题在短时间内迅速演化成为公众议题、社会议题。

（二）传播空间的延展性

舆论具有空间范畴，由此构成不同规模、不同类型的舆论。舆论只有向更广阔的范围传播，覆盖更广大的社会空间，才可能使局部的群体舆论上升为地区性舆论、全国性舆论或世界性舆论，传播空间的广狭是衡量舆论社会影响力大小的重要指标。

互联网技术为社会舆论的传播提供了无限延展的可能。首先，互联网覆盖全球，超越了地域和国家的界限，拥有地理空间上的无限延展性。其次，数字技术的进步突破了物理空间对网络媒体的限制。网络媒体拥有近乎无限的信息发布空间，不同的空间区隔（微博、博客、论坛或新闻跟帖）之间还可以通过超文本和超链接实现有机对接组合。这些使得依附于网络的新媒体舆论的传播也具有了空间上无限延展的可能。网民在一定网络空间区隔中发表的意见，一旦得到大家的共识，就会引来其他人的反复转帖和跟帖。当帖子在不同的网络空间区隔之间进行流动、传播的时候，意见气候也在不断酝酿，舆论高潮即会来临。

（三）意见汇聚的即时性

传统媒介议程对社会舆论的引发往往需要一段较长的时间。美国传播学者 M. B. 萨尔文在一项有关时间差距对议程设置效果影响的研究中发现，社会舆论在传统媒介议程的影响下开始呈现变化，一般是在新闻报道后的 5—7 周，变化最显著的时刻是在新闻报道后的 8—10 周。[①]与之相比，新媒体舆论的形成周期则大大缩短。信息的即时发布和实时更新让新媒体成为人们获取信息的主要来源，而便捷、畅通、低成本的反馈和发布渠道也让新媒体成为公众意见聚合的便利平台。新媒体形成了多点对多点的双向传播模式，Web3.0 时代的互联网在内容发布的过程中不仅实现了用户与网络服务器之间的交互，而且也轻松实现了同一网站不同用户之间的交互和不同网站之间信息的交互。有线载体（互联网）和无线终端（手机）的结合，让人们可以通过手

---

① 刘艳婧. 新媒体舆论特点解析[J]. 青年记者，2011（5）：24-25.

机进行更加迅捷的信息传播和意见汇集。

（四）价值观念的多元性

新媒体以其相对自由、开放的特性使社会公众拥有平等的表达意见的权利和渠道。由于参与到这个开放、平等的言论平台中的主体往往有着不同的身份地位和利益诉求，他们关注的焦点、议论的角度必然会有所不同，这使得新媒体真正成为"意见的自由市场"，新媒体舆论表现出价值观念多元化的特性。网络传播的匿名特点则在某种程度上强化了新媒体舆论的多元特性。在真实身份和身体缺场的情况下，意见表达者害怕孤立、害怕伤害和被伤害的心理会有所减弱，"沉默的螺旋"作用的发挥也会受到一定的阻碍。在这一理论的提出者德国学者诺尔－诺依曼看来，当人们发觉自己的意见属于"少数"或处于"劣势"时，出于对孤立的害怕，人们会在"多数"或"优势"意见面前保持沉默，由此陷入优势意见越来越强而劣势意见越来越弱的螺旋过程。然而，匿名则让网上的意见表达者承受的现实压力大大减小，在某一网络空间区隔（微博、博客、论坛或新闻跟帖）中遭受冷遇、反对甚至被压倒的意见，不但仍然会储存在网页上，而且还可以转移到网络的其他空间中继续表达或寻找同盟军。

（五）价值取向的批判性

在新媒体时代，不同的利益诉求造成了不同社会群体之间的矛盾和冲突，传统媒体不一定能给各方提供平等的表达机会。在美国批判性思维运动的开创者罗伯特·恩尼斯看来，批判性思维不但蕴含着批判精神，即怀疑精神、否定精神，更蕴含着对"理性思维"的强调，包括"思维开放，熟知多个选项的优劣""力求多方查证""善于判断信息来源""能形成合理的立场"等许多方面的理性思维能力。[1]但

---

① ［美］理查德·保罗，琳达·埃尔德. 批判性思维：思维、写作、沟通、应变、解决问题的根本技巧[M]. 乔苒，徐笑春译. 北京：新星出版社，2006：23.

纵观新媒体舆论的表现，虽有批判，却理性不足，舆论质量不高。

（六）意见表达的失范性

网络传播的匿名性特点降低了言论主体的责任感，与此同时，相对自由、宽松的传播环境，也在某种程度上加剧了这种责任感的流失。于是，网民间恶言相向、毁谤中伤等"谩骂"和"拍砖"现象成为网络言论的常态。新媒体舆论对其意见表达的失范经常表现出一种"集体无意识"，当网民间的意见出现交锋时，更多的网友来不及思考便急于把自己编入"队形"，快速加入混战。在美国学者凯斯·桑斯坦看来，网上交流更易出现"群体极化"倾向，"团体成员一开始即有某些偏向，在商议后，人们朝偏向的方向继续移动，最后形成极端的观点。在网络和新的传播技术的领域里，志同道合的团体会彼此进行沟通讨论，到最后他们的想法和原先一样，只是形式上变得更极端了"[①]。于是，当偏激的群体情绪遭遇争辩时，再加上匿名和自由的环境，舆论就更易走向暴力和失范。

二、新媒体舆论发生机制

一般来说，传统社会舆论的发生主要有 4 个阶段。①舆论中心事件产生：舆论议题的出现是社会舆论的起点，舆论议题的性质不同、内涵不同，所涉及的社会问题层面与影响力也不同。越是与社会矛盾、社会热点、社会思潮、民众心理相一致的议题，越能够获得公众的广泛关注。②舆论扩散：社会舆论的扩散过程是社会各界对舆论议题进行阐释的过程，也是各种社会意见充分互动并引发讨论的过程。③舆论优势意见形成：随着舆论议题的扩散，社会各方面意见涌现出来，形成多元化的意见格局。进而，各种意见互动的过程中出现优势意见，压倒多数，最后聚合成主流意见。在传统模式下，大众传媒、权威机

---

① ［美］凯斯·桑斯坦. 网络共和国：网络社会中的民主问题[M]. 黄维明译. 上海：上海人民出版社，2003：47.

构、政府部门、意见领袖能够在优势意见的形成中起到重要作用，优势意见的形成即意味着舆论的形成。④舆论效果的产生：社会舆论的目的是通过社会公众的意见聚合而影响政治过程或公共利益，优势意见形成之后便会产生一定的舆论效果，社会公众也可能围绕议题和舆论效果而展开行动。总体而言，传统社会舆论的生成机制依然可以用于新媒体舆论。

（一）舆论中心事件生产机制

网络舆论中心事件的生产主要通过两个步骤：一是网络媒体构建舆论事件存在的信息场，二是通过议程设置机制使舆论事件浮出水面。与传统媒体时代不同，网民个人在舆论热点生产机制中扮演了十分重要的角色。

1. 网络信息场

在 Web1.0 时代，互联网就以海量存储、超链接、自主获取等特征构筑了庞大的网络信息库，而在 Web3.0 时代，信息的供给、存储、传播更加社会化、多元化、立体化，因而网络信息场成为社会信息环境中最重要的组成部分。其主要组成部分包括以下两点。第一，网络传播机构。网络传播机构是互联网上专门从事信息生产、传播的组织、机构，主要以网站形式存在，如专门的新闻网站、门户网站、政府网站和企业网站等。第二，网络传播个人。互联网的"交互性"改变了大众媒介时代的信息传播模式，将广大受众从单一"接受信息"的桎梏中解放出来，受众不仅能够主动获取、筛选、评论信息，还能够采集、制作、发布信息。这种"用户生产内容"的方式虽然是一种"非专业化"活动，但它自由度较高，而且极大丰富了信息环境中个人层面的内容。

网络信息场中存在着各式各样的信息生产者。网络传播机构和个人通过如下方式生产信息：第一种是网页生产，即文本生产，包括文字文本、图像文本、音频文本以及各种类型的多媒体文本；第二种是链接生产，任何单个网络传播机构或个人的力量都是有限的，因此互联网超链接的本质属性使得各传播机构之间都会通过转载、链接、共享等方式来取长补短，丰富信息提供。一条信息并非仅仅是有限的"点"，而是一个"入口"，内含了更多的信息容量。

2. 网络舆论议题的议程设置

网络信息场是一个高流动性、高整合性的场域，纷繁复杂。处于自在状态的信息成为舆论事件需要经过一定的机制"浮出水面"，即议程设置，才能够成为社会关注的热点。但与传统媒体不同，互联网对社会议题的议程设置遵循自上而下和自下而上的双重路径。

互联网自上而下设置舆论话题的路径和传统媒体类似，其依靠门户网站、新闻网站系统发布信息，网站首页中滚动播出的新闻与报纸中的头版、电视中的要闻异曲同工，且内容往往与传统媒体有较高的吻合度。

自下而上的设置议题，主要由网络用户在网络信息场中将议题抛出，网友的支持和大规模的互动会使议题扩散，使之成为整个互联网和社会中的重要议题。网络论坛是产生这一类议题最集中的领域，不仅包含了社会的多项议题，还进行推荐帖、置顶帖、热门话题排行等一系列"议程设置"活动，将一天之中最受网民关注的议题放在突出位置。带有社交属性的媒介平台等社会化媒体亦能够设置议题，能够通过转载、分享、状态等活动使某个事件具有很高的"人气"，特别是微博和短视频平台，往往能够通过第一线的直播，将议题的影响力迅速扩大。

互联网能够同时实现三个层面的议程设置，调动网络信息场的能量，推动热点议题迅速浮出水面。首先，某一议题的产生很快便能成为互联网中各种网络应用的共同议题。有研究指出，容易引爆舆论的议题有涉官、涉腐、涉富、涉及社会公平正义等的议题。这些议题一经曝光，各大网络论坛、博客、微博、即时通信工具、搜索引擎、网络视频平台甚至网络游戏等都会同时关注，它们以不同方式对这些议题进行广泛、迅速、全面的"病毒式传播"。各种网络应用之间的联动传播也成为社会舆论发展的催化剂。接着作为"网络媒体中的主流媒体"的知名门户网站和新闻网站便会关注到这些议题，一旦登上首页，该事件便能够成为网络之中最受关注的热点。其次，一旦某一议题从网络中浮现出来，广大网民便会使用各种网络工具，如自己的微博、微信、QQ、抖音等短视频平台，将事件向外传播，从而形成更大的舆论声势。最后，互联网能够为大众媒体设置议程。一方面，网络事件往往具有较高的新闻价值，容易被大众媒体选作议题；另一方面，网民由于身处事件之中，能够掌握第一时间、第一现场的珍贵材料，对事件的报道往往先于媒体，这迫使大众媒体必须关注网络议程。

总体而言，在网络背景下，各种网络工具之间信息的互动成为议程设置的关键机制，"两微一端"等社会化媒体工具的重要性突出，作为网络应用中的主流媒体的门户网站作用则在下降。

（二）舆论扩散机制

舆论中心事件产生之后，需要经过一个扩散的过程，才使社会舆论客体不断清晰化、显性化，使得大多数社会公众对舆论事件有所知晓，不断加深公众对舆论事件的印象与理解，从而使公众对事件形成认知、做出判断。具体来说，这种扩散主要有以下几种方式。

1. 转帖

转帖是网络舆论扩散的主要路径，即网络中心事件被抛出后，涉及事件的主要文本在各大网络应用中被转载、分享的过程。转帖的过程并不是一个简单的直接转述，而是一个对议题进行深入阐释的过程。用户对舆论事件多元化的理解也成为转帖的"附带品"。从广义上来讲，转帖有两个层面。一是各大传播机构进行的信息转载。由于不同的传播机构有着不同的受众群，因此它们的转帖所附加的阐释都不尽相同。二是网民个人通过论坛、微博、微信等即时通信工具进行的转载。这种转帖意味着舆论议题的到达，同时也代表着公众对某个议题的兴趣、理解与潜在认可。

2007 年，山西黑砖窑事件震惊全国，最早便源于揭露黑砖窑的帖子"罪恶的'黑人'之路！孩子被卖山西黑砖窑，400 位父亲泣血呼救"。该帖子最初在大河论坛贴出，立即引来数万网民跟帖，并在各大网络论坛转发，这使互联网率先成了"黑砖窑事件"的舆论阵地。随后，国内各大媒体纷纷转载，舆论战场开始向传统媒体转向，包括《人民日报》、中央电视台在内的多家国内主流媒体先后介入，舆论随之风起云涌，"黑砖窑事件"震惊全国。

2. 搜索引擎

搜索引擎是一个超容量的数据库，人们通过关键词的检索，便可以获得几千、几万个相关数据，是网络社会人们查询资料、获取专业化和系统化信息的重要途径。由于搜索引擎的信息入口与信息集成作用，一旦议题形成，公众自然会通过搜索引擎获取议题的相关背景信息，而这些信息又会影响用户对舆论事件的理解和评价。

搜索引擎的极端形式是人肉搜索。人肉搜索是以信息技术为基础，以人为主体，以人机对话为渠道，追踪事件真相或本质的具有传播性质和传播功能的社会活动。人肉搜索的过程就是舆论扩散的过程，网民聚合线上、线下的力量，通过搜索引擎横扫当事人的社交网络、社交平台个人主页、公开信息等，挖掘出与当事人相关的诸多信息，不断爆料，甚至将其个人隐私全盘暴露，干扰其工作与生活，甚至对其家庭和社交圈进行无理破坏。

3. 社交网络

互联网是一种有聚合力的媒介，不仅连接了信息，而且连接起了人，将人的智慧与力量凝聚到网络之中，将社会网络的内在能量释放出来。社会化媒体的应用与发展为社会网络提供了实践平台，脸书、推特、微博等都是人们建立、管理社会网络，发挥社会网络影响力的重要平台。

从某种角度看，社会网络中的舆论扩散属于"人际传播"的范畴，因此，沿着社交网络的线路，舆论议题在熟人圈、半熟人圈中的传播具有较高的信任度，说服力和号召力也较强，在扩散议题的同时也扩散了意见、观点和态度。社交网络也容易结成群体，使得相似经历、相近观点、相同呼吁的人能够迅速"团结起来"，通过每一个人的社会关系网络连接更多用户，不断扩大舆论议题的影响力。同时，由于社交网络在一定程度上还原了人的真实身份，因此，意见领袖的引领作用不可忽视，特别在微博中，许多名人对议题的解读都会获得成千上万的转发，形成非常有效的扩散。

4. 网络推手

网络推手是指那些专门在网络中推动舆论事件扩散的网民。他们利用网络传播的特征与原理，有目的、有计划、有针对性地在互联网上推动舆论议题生成，并通过庞大的网络水军以及"病毒式"发帖、回帖、转帖的行动，占领网络言论的各种空间，从而形成强大的舆论攻势，实现特殊舆论的目的。

网络推手扩散舆论的基本路径是：首先，网络推手利用网络的匿名性和开放性，注册、购买多个 ID，以便能够利用不同的身份发帖且不易被察觉；其次，根据"客户需求"或其他商业利益，由网络公关公司出面雇用大量网络推手专门从事舆论扩散活动，确定"舆论中心事件"，制订扩散舆论的"路线方案"；最后，舆论议题在网络中出现后，网络推手们便开始疯狂回帖、转帖、顶帖，使得主帖通过看似"自然"的方式成为当日社会化媒体最有人气、最受关注的帖子，并不断加强舆论的"扩散攻势"，直到网络应用中的相关议题铺天盖地，有时甚至需要几千个网络推手完成几万甚至几十万的回帖。

5. 信息推送

智能手机的便携性使信息传播打破了时空障碍。作为离人最近的传播工具，手机已经被很多使用者内化成为自身的一部分。在突发公共事件中，人们许多时候通过手机在第一时间获取信息。特别是在危机事件中，受众对人际传播信息的需求比在日常生活中要大很多。手机的人际传播模式实际上是人借助手机这种媒介，延伸了人与人之间的交流。

信息推送作为应急处置的信息发布渠道，已经被政府广泛采用。例如，在广西镉污染事件的应急处置过程中，柳州市政府充分使用手机短信处理危机。手机短信发布的水情信息与电视媒体同步更新，每次水样检测数据出来立即通过手机短信的形式向市民发布，市民可以通过手机短信，即时了解最新水情。柳州市政府这一举措，扩大了信息发布面，加快了信息更新速度，遏制了谣言的蔓延，恢复了政府公信力。

6. 线下运动

互联网不仅是网民参与舆论的言论战场，而且为网民在线下组织集体行动提供了重要的沟通平台和信息工具。不少网络舆论都从线上转移到了线下，从虚拟空间转向现实空间，通过号召网民参加"线下运动"，来实现舆论的扩散。一旦网络舆论转为"线下运动"，舆论的扩散就会沿着三条路径传播。一是"网络集结令"号召、鼓舞网民参与线下行动。二是沿着人际传播和组织传播的路线扩散。线下运动并非简单在虚拟世界"发帖"，而是一种有组织、有计划、有诉求的现实运动，通常有较大的声势，甚至对事发当地的社会治安也有一定的影响。三是引起大众媒体的关注，大众媒体将其作为新闻热点进行议程设置，很快就能够实现大规模的舆论扩散。

（三）意见形成机制

意见聚合是社会舆论形成过程中最重要的一环，标志着社会舆论的最终形成。在许多时候，意见聚合还会形成意见极化，使得舆论大潮势不可挡。

1. 意见交互

社会舆论意见并非某个人、某个机构的意见，而是由社会公众意见构成的体系。相对于传统媒体，互联网能够更好地促进这一意见体系的形成，为普通民众提供了不断获取信息和表达意见的渠道，使在社会舆论中意见交互、理性辩论成为可能。哪怕这些观点只是不成熟的想法或是情绪化的言论，即使与主流观点、官方观点迥异，也能获得平等的表达机会。意见交互往往会经过意见表达、理性辩论、意见修正等阶段。

2007 年的"华南虎事件"是网络意见交互非常成功的案例。在这次网络争议中，成千上万的网民卷入了这场辨别真假老虎的舆论范畴中。通过网络中的观点互动，多种声音逐渐聚集成为三种：一是打虎派，坚信虎照是假；二是挺虎派，认为虎照具有权威性；三是中立派，持半信半疑的态度。但是，在网上"年画虎"观点抛出后，原有阵营出现分化。一部分"挺虎派"在进一步观战和思考后，开始转向打虎阵营，而部分中立派也开始认同"假虎"的观点。这使得打虎派的力量完全超越了挺虎派，舆论发展方向逐渐明晰。这个案例说明，网络公开、平等的意见交互能够促进舆论观点明朗化。真理必将战胜谬误。

2. 情绪舆论

意见交互过程中往往交织了"情绪"。情绪是公众中弥散的对舆论的模糊态度，体现着公众对舆论议题的直觉判断和浅层态度，如愉快、兴奋、厌烦、憎恶、悲伤等。在传统社会舆论形成过程中，情绪往往浮在社会表层，是一种肤浅的、片面的感知，难以形成规模，仅仅构成"潜舆论"，只有聚集到一定程度才会被发觉，才会和意见、态度综合在一起，产生舆论作用。在网络时代，社会情绪凝聚到了网络中，伴随着舆论意见互动的过程逐渐显性化。在一些触及社会矛盾、社会道德和价值观的重大网络事件中，情绪表达具有极高的感染力，能够通过触动人们敏感、细腻的神经来引起公众心理的波动，在意见聚合中脱颖而出。

虽然网络情绪能够从一定程度上显示出公众对舆论事件的基本态度，但有时事件真相还未完全清楚，网民的情绪就已经爆发，使网民丧失理性思考和判断的能力，构成一种简单化、非理性的舆论风潮。

3. 关键意见

舆论中的关键意见，是在观点互动中成为舆论的导向或者影响舆论方向发生转变的意见。其类型包括爆料与内幕揭示、网民或社会成功人士对事件鞭辟入里的分析、舆论当事人的态度、相关政府部门的回应等。这些关键意见往往能够在纷繁复杂的舆论中脱颖而出，有时可能越过在网络中自然阐释的状态，直接推动意见聚合的生成。

一般而言，网民中涌现出来的关键意见的可信度较高，大多数网民更容易接受来自民间的意见。社会成功人士依然具有成为意见领袖的可能，但其在网络多元化的意见格局中已经没有显著优势。

4. 优势意见

社会舆论最终形成依靠优势意见的聚合作用，在网络时代也不例外。网络时代极易形成优势意见的议题需有一定的特殊性。一般而言，网络优势意见往往从局部到整体，先在一些特定的网络空间中产生鲜明的意见和态度，形成"局部优势意见"，再通过各种传播工具向外扩散，进而形成社会舆论中的优势意见。

5. 意见极化

网络舆论是由公众的理性讨论和情绪化表达组成的，但网络舆论的某些特征，如规模联动、群体事件、匿名参与、情绪化弥漫等，在某些时候容易引发极端的集体行动，其中最为显著的便是"群体极化"。群体极化是团体成员一开始即有某些偏向，在商议后，人们朝偏离的方向继续移动，最后形成极端的观点。在网络舆论中出现意见极化的案例屡见不鲜，这种舆论能够很快从网络舆论中筛选出"全民公敌式"的舆论对象，因而有"排山倒海"之势，网民能够迅速表达出鲜明而一致的意见。

（四）效果机制

网络舆论作为网民一致的"优势意见"，其中蕴含了较高的民间诉求，必然会作用到相关议题所涉及的人员或机构，进而通过一系列行动，产生相应的后果。一般而言，社会舆论影响政策体系的途径有三种：一是通过制度化的途径将舆论输入政府内部（如民意调查报告、例行公文等），二是舆论监督，三是通过非制度化途径将舆论直接传递到政府内部。网络舆论改变了中国社会中的政治沟通，主要表现在影响政府决策议程、影响政府常规决策两个方面。

1. 影响政府决策议程

现实中，并非所有的社会问题都能进入政府议程，而社会问题由公众议程转化为政府议程，是社会问题转化为政策问题的关键一步。政府议程设定主要有三种模式（表 4-1）。

表 4-1　政府议程设定的三种传统模式

类型	提出者	作用因素	形成顺序
外部推动模式	非政府组织	社会团体	先成为公共议程，再进入制度性议程
内部推动模式	有影响力的团体	有决策愿望的组织地位的优越程度	对决策者施加压力将议案列入正式议程
动员模式	决策者	决策者的权力与权威	政府决策者直接将议案列入正式议程

网络舆论影响政策议程是三种模式的综合。网络舆论一旦形成，便能迅速形成公众议程和媒体议程，要求政府对相关问题迅速作为，这是一种外部推动模式。网络使得政治信息体系从封闭和半封闭走向开放，瞒报、漏报、缓报等封锁信息的办法已无容身之地，因此必须直面事件、直面公众，迅速做出紧急处理，这是动员模式在起作用。

2. 影响政府常规决策

网络舆论不仅体现了社会公众的态度与情绪，还汇集了民间的智慧与力量。新政策公布之前，政府经常在互联网上进行意见征集，引导网民讨论，征集公众对新政策的意见、建议，以此提高新政策的适应性，增强新政策的合理性。网络舆论成为政府决策"备选方案"的提供者，包括"延迟退休"和"三孩政策"等都充分体现了网络民意在政策制定过程中的积极作用。

三、新媒体的舆论监测

网络舆情是指网民通过互联网表达和传播的各种不同情绪、态度和意见交错的总和。网络舆情通过互联网的广泛传播，势必会对社会生活的方方面面，尤其是对公共决策、民主政治、伦理道德和文化安全等产生深远的影响。

网络事件的传播和讨论是网上舆情形成的关键诱因，是舆情汇聚的焦点，也是舆情发展的重要载体。由于网络言论有自由化、个性化、非理性和群体极化等特点，各类事件如果得不到及时处理，在网络上的传播得不到有效引导，网民的负面情绪积累到一定程度，很可能形成"舆情危机"，造成不利于事件主题的负面影响。在特定的条件或某些别有用心的个人或势力的引导下，甚至会形成群体性突发事件，扰乱社会正常秩序。

我国网络舆情研究划分为基础理论、支撑技术、应用研究三个层次。一是基础理论，涵盖了网络舆情的基本概念、汇集分析机制、引导控制机制等研究工作。二是支撑技术，主要集中于利用中文信息处理、智能信息处理技术为网络舆情的分析提供技术支撑和方法保障。三是应用研究，主要是对网络舆情系统以及网络舆情分析实务的研究工作。当前，针对我国网络舆情的理论和应用研究，有学者提出建设网络事件案例库，探索网络事件传播规律，为网络舆情监测提供依据。

（一）基于网络事件案例库的舆情监测

网络事件案例库建设的目的是搜集与指定网络事件相关的信息，包括事件的发展历程、相关的网络新闻、微博舆情、微信朋友圈转发、短视频呈现等内容，利用信息计算学、文本聚类等方法对采集的事件信息进行分析，并利用信息可视化方法对分析结果进行全方位、多角度的呈现，以便了解网络事件的传播过程，包括事件的缘起，冲突或争议的产生，各方的讨论和关注，相关舆情的形成、发展和深化以及涨落和最终消退等，还有其中所涉及的时间、地点、重要人物、发生的事件、传播的渠道等。在网络事件案例库的基础上，充分利用案例库中包含的网络事件数据，探求网络事件传播过程中存在的共性特点，分析网络舆情发生、发展、演化的规律，建立网络事件传播模型，并在此基础上，探讨网络事件传播的监控和预警方法，以及控制和引导机制。

（二）基于传播过程分析的网络事件监控和预警

在网络事件传播过程中，核心网站是关键。为了实现对网络事件的自动预警，行之有效的方法是对核心网站进行监控。一级预警是对核心的新闻、论坛和博客网站进行监控。一旦发现点击或被引用、回复、评论数量超过特定阈值的核心网络文献，即进行一级预警。同时，从采集的核心网络文献中抽取关键的时间、地点、人物或组织机构等实体信息，以及包含实体的句子中描述事件的关键动词和名词。二级预警是利用采集的实体和关键动词、名词，计算考察各网络文献的相关度，高度相关的网络文献即为与同一网络事件相关的核心文献。当某个网络事件的核心网络文献数量大于等于 2 时，即进行二级预警。这种二级预警机制通过对网络事件传播的核心网站和文献的监控，既避免了对海量网络信息的采集和分析，又能抓住传播过程中的主要矛盾，提前发现网络事件的舆论发展趋势，有效实现对网络事件传播的监控和预警。

第三节　政府危机公关中新媒体的运用与掌控

一、危机中的新媒体舆情收集

舆情就是民众的社会政治态度。习近平总书记一直高度重视新闻舆论工作，2016 年 11 月 7 日，习近平总书记在会见中华全国新闻工作者协会第九届理事会全体代表和中国新闻奖、长江韬奋奖获奖者代表时强调："做好党的新闻舆论工作，营造良好舆论环境，是治国理政、定国安邦的大事。……党的新闻舆论工作是党的工作的重要组成部分。在革命建设改革各个历史时期，新闻舆论战线与党和人民同呼吸、与时代共进步，积极宣传党的主张、深入反映群众呼声、主动开展决策调研，发挥了十分重要的作用。"①在这种背景下，学术界对网络舆情也进行了大量研究，王来华主编的《舆情研究概论：理论、方法和现实热点》是我国较早的系统研究舆情的理论专著。

（一）危机中网络舆情的收集

危机事件中的网络舆情具有反馈互动和衍生发展的特性。对于危机事件，网络舆论的公开表达和迅速反应会加强人们对危机事件的关注程度，引发新闻媒体对危机事件的持续报道和关注。同时，公开的观点和意见的交锋最终会形成被多数人普遍接受的态度和看法。但是，由于网络把关的弱化，网络舆论的演变路径并不明确，并且具有偶然性和多变性，可能与政府基调大相径庭。如"非典"疫情后期，舆情的重点已经脱离事件本身，转向对制度和管理的思考和讨论。

（二）危机中微博舆情收集

《最高人民法院、最高人民检察院关于办理利用信息网络实施诽谤等刑事案件适用法律若干问题的解释》于 2013 年 9 月 9 日公布。司法解释通过厘清信息网络发表言论的法律边界，为惩治利用网络实施诽谤等犯罪提供明确的法律标尺，从而规范网络秩序、保护人民群众合法权益。该解释于 2013 年 9 月 10 日起施行。解释规定，利用信息网络诽谤他人，具有下列情形之一的，应当认定为《中华人民共和国刑法》第二百四十六条第一款规定的"情节严重"："（一）同一诽谤

---

① 吴晶，王思北. 习近平会见中国记协第九届理事会全体代表和中国新闻奖、长江韬奋奖获奖者代表[EB/OL].（2016-11-07）. http://xuexi.cctv.com/2016/11/07/ARTIqSwk27Yn6SOCPCmcKlwg161107.shtml.

信息实际被点击、浏览次数达到五千次以上，或者被转发次数达到五百次以上的；（二）造成被害人或者其近亲属精神失常、自残、自杀等严重后果的；（三）二年内曾因诽谤受过行政处罚，又诽谤他人的；（四）其他情节严重的情形。"[1]新冠肺炎疫情前期，谣言借助微博转发和人际传播迅速蔓延的现象使得政府和学者高度重视微博危机舆情的监控和收集。对微博舆情的收集和监控，主要依靠平台运营商的技术手段。运营商能够依靠现有的大数据技术搜集、监控不良信息，从而进一步查阅、分析、检索进而查出那些对社会舆论产生恶劣影响的危机谣言和小道消息，用技术手段控制危机中不良信息的传播，在一定程度上减少社会的恐慌心理，为政府危机化解塑造良好的舆论环境。

二、危机中的新媒体预警

面对危机，"人心恐慌"的原因在于相关信息的扭曲、失真以及谣言的流传。关于谣言，美国学者 G. W. 奥尔波特和 L. 波斯特曼给出了公式：R=I×A。其中，R 是谣言的信息流量，I 是对当事人的重要性，A 则是信息本身的含糊和暧昧程度。事实也充分证明，危机信息越早公开，谣言的流量越小，反之则越大。

（一）制定新媒体危机预警预案

2003 年以后，我国政府也开始重视危机预案和媒体危机预案的制定工作。2006 年，国务院通过了《国家突发公共事件总体应急预案》，总体预案将突发公共事件分为自然灾害、事故灾难、公共卫生事件、社会安全事件四类。按照各类突发公共事件的性质、严重程度、可控性和影响范围等因素，总体预案将其分为四级，即 I 级（特别重大）、II 级（重大）、III 级（较大）和 IV 级（一般）。[2]预警信息包括突发公

---

[1] 最高人民法院、最高人民检察院关于办理利用信息网络实施诽谤等刑事案件适用法律若干问题的解释[EB/OL].（2013-09-07）. http://www.cac.gov.cn/2013-09/07/c_133142246.htm.

[2] 新华网. 国务院发布《国家突发公共事件总体应急预案》[EB/OL].（2006-01-08）. http://www.gov.cn/jrzg/2006-01/08/content_150878.htm.

共事件的类别、预警级别、开始时间、可能影响范围、警示事项、应采取的措施和发布机关等。预警信息的发布、调整和解除可通过广播、电视、报刊、通信、信息网络、警报器、宣传车或组织人员逐户通知等方式进行。

（二）短信预警

短信平台与传统媒体相比，优势明显。它不是让受众被动接受，而是主动将信息推送到受众面前，而且具有点对点的传播优势，目标明确。对于公共事件，政府短信平台可以广发短信，务求每个手机短信用户都能收到，而对于只涉及部分群体的信息，短信平台可以根据用户需要，有选择地发送，真正提高信息的流通效率。

三、危机中基于新媒体的信息公开

20 世纪以来，许多国家都认识到了信息公开的重要性，并从法律上予以保障。如美国 1976 年的《阳光普照法案》以及英、日、德、法等国家推出的信息自由的相关法案。我国也推出《中华人民共和国政府信息公开条例》（2007 年 4 月 5 日中华人民共和国国务院令第 492 号公布 2019 年 4 月 3 日中华人民共和国国务院令第 711 号修订），自 2019 年 5 月 15 日起施行。

（一）构建以政府网站为主体的网上信息公开系统

网络传播的快捷性、广泛性、渗透性和互动性给政府化解危机带来了极大便利，政府部门通过网站特别是政府网站可以传达政令、了解情况、加强协调沟通。利用网络公开信息，一方面可以保证信息的完整性，使信息公布不受篇幅和数量的影响；另一方面，受众的获取也更为便捷，民众只要上网就可以获得危机信息，没有空间的制约。美国在创建电子政府的模型中，把危机管理和灾难援助列为其中一个重要板块。北欧的瑞典、丹麦等国家，也十分重视政府网站在公共危机中的作用。我国的电子政务从无到有，发展十分迅速，具备了承担危机信息发布重任的能力。

（二）构建网上新闻发布会制度

网上新闻发布会是在一个虚拟的新闻发布现场，通过网络将无限分散的与会者组织起来，完成信息初始发布以及和与会者交流探讨的传播活动。我国的网上新闻发布会最早出现于 2000 年 3 月 20 日，艺百网络举行了国内首次网上新闻发布会，宣布"奥斯卡百年盛典"和"悉尼奥运 2000"两大专题网站开通。我国政府的网上新闻发布会始于 2003 年的"非典"时期，由于当时人们的外出受到限制，网络成为人们获取信息的重要渠道。同时，记者和媒体也受制于"非典"信息的获取渠道，于是，政府的网上新闻发布会便应运而生。当时，杭州市副市长曾亲自坐镇"杭州网"，回答记者提问，及时传递政府防治"非典"的信息和措施，稳定了民心，取得了良好效果。随后，国家部委及北京、上海、宁波等城市相继组织了大量网上新闻发布会，其由于及时、互动和低成本的特点深受广大新闻工作者和百姓的喜爱。

网上新闻发布会，大致分为"直播型"新闻发布会和"交流型"新闻发布会两种类型。"直播型"网上新闻发布会是传统新闻发布会与网络媒体相结合的产物，只是将新闻发布会的现场和内容搬到网上来，包括视频资料和文字资料。目前，这种网上新闻发布会占大多数，每年全国两会都进行网上直播，教育部、国家卫健委和一些地方政府也经常举行网上直播的新闻发布会。但"直播型"网上新闻发布会缺陷十分明显，没有发挥网络媒体互动的特性，仍然是以传者为中心的单向传播。"交流型"的网上新闻发布会则是一种在新闻发布的同时及时与记者和参与者交流的网上新闻发布形式。它克服了"直播型"新闻发布会的缺陷，实现了传播者与参与者之间的交流互动。如上海市司法局在上海司法行政网上开设了"新闻发布会"栏目，记者和用户登记后便可以获得参加网上新闻发布会的用户名和密码，登录后便可以参加网上新闻发布会，即时地提出问题、交流感想。

（三）培养适应新媒体要求的新闻发言人

新闻发言人制度实质是一种新闻发布制度，新闻发言人的职责是在一定时间内就某一重大事件或时局问题举行新闻发布会或约见个别记者，发布有关新闻或阐述政府、本部门的观点立场，并代表政府或部门回答提问。新闻发言人起源于西方国家，安德鲁·杰克逊是最早聘用总统新闻发言人的美国总统。纵览西方国家的新闻发展史，可以发现，新闻发言人制度就是一种润滑油，协调政府与媒体、公众之间的关系，并有艺术地引导舆论。我国最早的新闻发言人始于改革开放后。1983 年 4 月 23 日，中华全国新闻工作者协会首次向中外记者介绍了国务院各部委和人民团体的新闻发言人，中国新闻发言人制度雏形初步建立，目前，我国新闻发言人制度已逐渐完善。当然，新媒体环境对新闻发言人的素质和能力提出了新的要求，要求新闻发言人了解媒体、了解新闻、了解记者，遵守新闻发布基本原理，运用新闻发布技巧，掌握包括新媒体在内的各种媒体的特性，与媒体处理好关系。

四、危机中基于新媒体的舆论引导

政府危机公关是塑造政府形象的需要。政府必须遵守新闻传播规律，尊重公众的知情权。"紧捂"事实真相的老旧传播理念显然违背了新闻传播规律。在新媒体平台信息迅速传播的环境下，如何正视新媒体公关，是当前政府工作的一大着力点。

（一）遵守危机处理 3T 原则

3T 原则是危机处理的一个法则，有三个关键点，每个点都是以 T 开头，所以称为 3T 原则。该原则由英国危机公关专家里杰斯特提出，他强调了危机处理时把握信息发布的重要性。"Tell your own tale"（以我为主提供情况）：强调政府牢牢掌握信息发布主动权。"Tell it fast"（尽快提供情况）：强调危机处理时政府应该尽快不断地发布信息。"Tell it all"（提供全部情况）：强调信息发布全面、真实，而且必须实言相告。根据首因效应，最初接触到的信息对我们的行为活动有很大的影响。因此，政府应该主动把握先机，抢占舆论高地。危机爆发的前两周是解决问题的黄金时间，政府容易花最少的人力、物力、财力解决危机。

"5·12"汶川地震展现了中国政府良好的危机公关能力，在事发之后，政府立即通过传统媒体（电视、广播）和新媒体（网络）实时介绍地震情况和灾区救援情况。地震发生后就有传言称北京当晚会产生余震，时隔两小时国家地震局就对传言进行辟谣，充分保障了信息透明和公民的知情权，避免恐慌加剧。

（二）网络媒体的议程设置

有研究发现，以网络为主要信息来源的受众，在一定程度上接受网络对其的议程设置，即受众议程与网络媒介议程在一定程度上相互重合。在网络中，网络媒体不再有头版、头条这样硬性的议程设置，但是也会有专题、热点问题等软性的议程设置。因此，在危机管理中，政府可以积极运用新媒体的这一功能引导舆论。

1. 合理编排网络新闻

危机发生后，网站都会连续滚动传播即时的危机信息。与报纸版面类似，重要消息一般总是放在网站最能吸引眼球的位置，借助字体、颜色、字号等增强吸引力，而次要的或者无关的信息放在二级或其他页面。在快速的网络浏览中，网民通过网站主页和次级页面依次了解危机信息，无形中就受到了网站议程的影响。

2. 通过专题和链接做深度报道

设置专题是网络媒体进行议程设置的重要方式。这种方式将相关信息整合到一起，并设置相关链接，满足网民深入了解的需求。危机发生后，网络媒体能够迅速整合网上已有的所有相关信息，包括危机发生的背景、地点、相关人物、过程、动态和可能产生的影响。例如，

2021 年缅甸发生军事政变，腾讯网立刻设置了"缅甸政变"的专题，设有要闻、图片报道、最新报道、分析评论、国际反应、背景资料等子专题，全面报道、评论了此次危机。网络容量的无限性能极大满足公众的信息需求，通过设置链接，还可以充分利用网络资源，让网民进行扩展阅读。

3. 运用多媒体的优势

如今，网络已经成为各种媒介融合的大平台，网络杂志、网络报纸、网络电视都是传统媒体与网络结合的产物。网络可以充分运用多媒体形式，实现信息的多样化传递。对于危机事件，网络可以采用文字报道、图片新闻、音频、视频、动画等多种信息形式报道危机事件。

（三）危机中网络"意见领袖"的运用

在网络世界当中，由于网民在知识、能力等方面的差异，"意见领袖"的作用仍然不可忽视。危机事件发生后，各种信息铺天盖地，网民陷入无所适从的状态。这时，一些具有专业知识、占有信息资源的网民就会显现出独特的话语优势，成为网络当中的"意见领袖"。这些"意见领袖"大多具备如下特征：发言积极、见解深刻、具有领袖气质等。因此，在危机中，政府经常与网站合作，安排政府官员、学者和网络意见领袖在网上与网民交流，利用这些"舆论领袖"来引导舆论。他们的代表性发言一般会被版主用醒目的字号和色彩加以强调，放在网页的突出位置，以强化主流言论。网民则根据事实进行价值判断，并通过讨论、与虚拟舆论领袖进行交流而形成自己的观点，进而调整自己的态度和行为。

（四）了解和利用新媒体建立危机预警机制

在"非典"之后，我国各级政府部门已经制定了大量的应急预案，2007 年还通过了《中华人民共和国突发事件应对法》，可以说，我国的突发事件应急预警机制已经建立，而新媒体的广泛应用是政府完善预警机制的主渠道。政府一方面可以利用新媒体的技术手段和传播内容对舆情走向进行分析和预测；另一方面，政府部门还可与新媒体合作建立危机预警机制。

第五章
政府危机公关与新媒体传播体系的建构

第一节　政府危机公关与新媒体传播之关联

一、新媒体传播的特点

（一）传播主体、传播对象边界模糊化

传统媒体时代，记者收集事实，编辑筛选事实、决定主题，然后编辑成新闻，以报刊文章或电视、电台节目形式传播给大众。非新闻单位，甚至新闻单位的非编辑部人员均不能进行大众传播。如今，凭借"两微一端"等新媒体，公众不再是信息的被动接收者，还可以经济而便捷地向他人传播信息，成为传播主体。

（二）传播方式多点对多点，注重交互性

传统的传播形态，通道是固定的，传播者具有较强的垄断性和控制权。如今，一个人通过微博、微信朋友圈、短视频平台等，就可以在任何时候、任何地点，对任何人进行传播，并且及时得到信息反馈，突破了传统主流媒体的话语权壁垒。这些随时发布反馈的信息，甚至成为传统媒体的重要信息或信息来源，人际传播的性质得到凸显和强化。

（三）传播内容海量性、复合化

在传统媒体中，报纸的版面以及电视、广播的播出时间是有限的。

报纸如果要多印一万字的内容，就要多增加一个版面，并且会给排版、印刷、成本带来许多问题，广播、电视在固定的时间内也只能播出固定容量的内容，并且稍纵即逝。网络媒体则具有海量优势：传播主体和传播方式多元化，人人都可以成为信息源；网络媒体又拥有独特的超链接功能，可以将一条新闻与事件的背景、相关信息以及网友评论连接起来，形成事件的全貌；随着时间的推移，相关信息越来越多，网络新闻的内容也存在无限的扩展性和丰富性；此外，新媒体的内容呈现方式，不再是传统意义上的文字、图片等单一形式，而是可以根据需要在文本、视频和音频之间任意转换或兼而有之。

（四）传播模式个性化

新媒体是一种以个人为指向的分众媒体而非大众媒体，是"窄播"而非"广播"。新媒体可以改变以往受众收听收看广播电视必须同步性的特点，实现异步性，受众可以在任意选定的时间收听收看广播电视节目，如果有兴趣的话还可以反复收听收看。网络视音频技术都有此项功能。

（五）传播快速化、泛在化，效力影响全球化

网络新媒体在很大程度上减少了传统把关人的过滤，集采写、编辑、发布于一体的网民，可以在第一时间将信息迅速传播开来。新媒体的迅速普及和广泛存在，如同空气和水一样，自然而深刻地融入人们的日常生活及工作中，为用户提供无处不在的信息服务。新媒体还改变了以往众多媒体地域性传播的特点，使传播的范围扩大甚至有向全球扩展的可能。不论是通过卫星传版、异地印刷的报刊，还是卫星数字广播及卫星数字电视，这些都可以实现传播范围覆盖洲际乃至全球。不断发展的全球网络市场模糊了国与国的界限，家庭甚至个人与跨国公司一样有机会拓展全球市场，信息以最低的成本让无数人共享。

二、新媒体环境下公共危机事件的传播特点

新媒体的出现彻底改变了传统媒体以传者为中心的信息传播特点。新媒体时代，每个人都是传者。这种传受双方的融合使得公共事件的传播在新媒体平台上更加如鱼得水。在危机事件的传播中，正是新媒体巨大的影响力和那些传统媒体所没有的特点，改变了我们的信息环境和思维方式。

（一）新媒体改变了信息传播的方式

传统情况下，我国在处置突发事件时，往往是由政府相关部门协调当地报纸、电视台等主流媒体，成稿后视事件性质请有关部门领导审查稿件，批准后予以发布。这种"政府—媒体—大众"冗杂的程序机制显然不适用于新媒体快速发展的时代。网络环境下，平等的话语权使得各种信息展现在公众面前，大家可以对其发表意见，广泛关注和讨论。微博、微信和短视频平台是时下火热的新媒体代表，成了很多公共危机事件的原始传播平台。当然，在这些平台上谣言的流传和聚合速度也进一步加快，但不可否认的是，在新媒体时代，单向灌输传播模式已经完全被颠覆了。网络媒体的开放性、互动性、全民性，使得信息传播速度极快、过滤难度极大。

（二）新媒体丰富了信息传播媒介

新媒体在传播内容方面更为丰富，文字、图像、声音等多媒体化成为一种趋势，丰富了以纸质和电波信号为主体的传统媒体（报纸、广播、电视）。与此同时，交融性还表现在终端方面，一部手机不仅可以用来通话、发短信，同时还可以用来听广播、看电视、上网，多种媒体的功能集于一体，而这些功能的实现是以互联网、通信网、广播电视网等多种网络的融合为基础的。更为便捷的媒介手段促进了"全民记者"时代的到来，每个公民都能通过新媒体的传输终端记录下事件现场的情况，用来传播、交流。我们之所以如此及时、全面地了解公共危机事件并加

入信息传播者的群体，要得益于新媒体的整合传播能力。

在"7·23"甬温线特别重大铁路交通事故中，微博的作用可见一斑。2011年7月23日20时27分，一条来自新浪网友的微博引起广大网民的高度关注，紧接着，网络上不断出现被困旅客以及第一批赶赴现场的救援人员所发出的消息，一石激起千层浪，随着一条条求救微博的发出，网友纷纷转发，事故现场的情况也逐渐清晰，很多网友还千里迢迢赶至事发地点帮助救援。微博不仅如拼图般还原了事故发生现场，还聚集起了一股"微博力量"，让素未谋面的公众同心协力展开危机救援。

（三）传播速度的飞跃

新的网络技术、通信技术，例如宽带技术、无线通信技术、P2P技术等都已显露出整合各种媒体的功能，高端手机集网络、广播电视以及传统电话等媒介为一体，集信息采集、发布、传送与接收为一体。传统媒体条件下需要通过各种不同媒介传播的过程如今仅仅用一种新媒体就能完成，新媒体的这种整合传播能力在危机事件的传播中也得到充分彰显。以河南郑州"7·20"特大暴雨灾害为例，市民在现场用手机摄像，在各种新媒体终端以近乎直播的方式"报道"了灾难现场状况。这些图片和视频很快进入各大网站的新闻头条。在这次"报道"中，手机、微博、短视频平台等密切配合，牢牢把握"第一时间、第一现场"，新的媒体形式与媒体工具的结合，显示出巨大威力。

新媒体给我们带来了全新的舆论社会，提供了新的舆论平台，而危机事件往往是舆论社会的焦点，这使得新媒体在危机事件的传播中发挥着主力军的作用。我们之所以能如此及时、全面地了解公共危机事件并加入信息传播者的群体，这要得益于新媒体的超凡整合传播能力。

三、新媒体对政府危机公关的影响

（一）新媒体开放的特性拓宽了受众获取危机信息的渠道

信息社会背景下，传统的政府与公众的信息沟通渠道已经发生了诸多变化,直接挑战了传统的政府危机公关。公众不再是被动地从政府获取信息,而是主动寻求与自身利益相关联的各种讯息。现代公关理论认为,公众对于现代的政府信息、社会信息享有当然的知情权。漠视公众的知情权,一方面会导致公众对社会信息产生不当理解;另一方面,更为严重的是会导致公众对公共管理者的严重不信任。[①]

由于多类媒体的相继出现,信息的传播方法、渠道、速度发生了根本改变,信息来源以及公众获取信息方式呈现多样化趋势,对信息实现全面的控制和封锁是一种幼稚的想法。互联网、手机、社交平台、各平台客户端等新媒体,以及电视、报纸、广播等传统媒体共同形成了一个媒体圈层,如同大气圈层一样,将我们牢牢地包入其中,我们的生活无时无刻不受媒体的影响。

根据传播学理论,我们可以把媒体圈层中的媒体从两个维度进行排列:一个是按照受众获得信息的费力程度由小到大进行排列,那么依次是新媒体、电视、报纸和广播;另一个维度是将媒体按照信息权威程度进行排列,依次是报纸、电视、广播和新媒体。在平时,受众获取信息对媒体的选择是这两个维度的交集。在公共危机爆发时,如果权威媒体没有担负起及时传递消息的使命,那么受众会转向其他媒体,特别是网络媒体和手机媒体。

通过媒体对危机进行全方位、准确的报道,及时传播社会公众所需信息,形成畅通的信息传播渠道和沟通渠道,构筑起公众与政府之间沟通的桥梁,既保证了公众的知情权,又能避免对政府不利的谣言的形成,形成正向舆论。英国著名的危机管理专家里杰斯特说过:"现代组织处在一个其活动的透明度日益增大的时代里。若一个组织不能就其发生的危机与公众进行合适的沟通,不能告诉社会它面对灾难局面正在采取什么补救措施,不能很好地表现它对所发生事故的态度,这无疑将会给组织的信誉带来致命的损害,并甚至有可能导致组织的

---

① 赵元珂. "强力公关"背景下的政府危机公关——松花江水污染事件的思考[J]. 中国广告,2006(3):84-86.

消亡。"①这对于组织处理危机具有启发意义。面对受众获取信息渠道的增多，遇到危机事件时，公众最信赖的仍然是权威媒介的声音。正因为如此，在危机发生时，媒体力量调控是危机管理的重要组成部分，新闻传媒在危机管理中扮演着重要的角色。

（二）传受角色的模糊使危机信息高度互动和共享

传统传媒的特点是一对多传播，传者和受者分离，有着一整套传媒内容生产的把关程序和制度。互联网、手机等新媒体则模糊了传者和受者的角色，使得任何人都可以通过新媒体传递信息和接收信息。以互联网为代表的新媒体不仅是一种使信息能在瞬间生成、瞬间传播、实时互动、高度共享的媒体，还是一种新的生活方式。它以离散的、多元的结构模式和运作特征基本消除了歧视，实现了地位平等的参与。遍布全球的互联网依靠统一的协议，为用户提供了普遍、方便的进入途径，体现了自由开放的理念和打不烂、堵不住的设计原则。②

新媒体使信息的传受双方互动交流真正成为现实。交互性是新媒体区别于传统媒体最大的优势之一。交互性同样给新媒体注入了不少的活力，使其在编读往来方面无论是内容还是形式都有了新的发展和突破。在网络上，受众既是信息的消费者，又是信息的制造者。

2005 年 12 月 19 日正式出版的美国《时代》周刊评出了 2005 年年度的最佳照片，所评出的 24 张照片中涉及"卡特里娜"飓风、巴基斯坦地震、南亚海啸、伊拉克战争、伦敦 7 月 7 日爆炸案等题材。作品《伦敦爆炸案目击者》：伦敦 7 月 7 日发生地铁和巴士连环爆炸案，照相手机使许多爆炸幸存者成了记者，他们用照相手机拍下了许多爆炸的现场图片。③

---

① [英]迈克尔·里杰斯特. 危机公关[M]. 陈向阳，陈宁译. 上海：复旦大学出版社，1995：中文版序.

② 胡心智，陈雷，王恒桓. 信息哲学——E 时代的感悟[M]. 北京：军事科学出版社，2003：129.

③ 佚名. 图文：伦敦爆炸案目击者用手机拍下现场图片[EB/OL]. （2005-12-12）. https://news.sina. com. cn/w/p/2005-12-12/15138559726.shtml.

（三）把关人的弱化导致危机信息传播失真

传统媒体完成了将民众转变成受众的革命性变化，即便是最偏远、最贫穷的地方，人们至少也会有广播听，而互联网则掀起了另一场革命，那就是把受众转变成传者。在这场革命中，传受双方发生了很多根本性的变化，网络媒体是参与性媒体，任何受众都可以进行传播活动，传统媒体中把关人的角色在网络媒体中趋于淡化，成为网络文明的第一个重大挑战和问题，也使得网络成为色情、虚假信息和负面信息传播的渠道。

新媒体时代，任何一个网民都可以生产和传播信息，受众第一次真正地参与到媒体中来，彻底拥有了生产、收集和消费信息的权利。当受众拥有了这么多权利后，这直接导致了虚假信息、诈骗信息和色情信息的泛滥，给网络媒体带来了巨大的伤害，也从根本上损害了受众的利益和权利。①现代传媒技术为全球化时代的危机公关制造了新的难题。

四、新媒体在政府危机公关中的角色定位

（一）政府借助新媒体实时迅捷地掌握舆情

舆情指的是在一定的社会空间内，围绕中介性社会事项的发生、发展和变化，民众作为主体对国家管理者这一客体所产生和持有的政治态度。简而言之，舆情就是民众的社会政治态度。②新媒体则是政府搜集掌握舆情的重要渠道。

当前，越来越多的民众乐意通过网络等渠道来表达观点、传播思想。面对网络等新媒体平台上形成的参差不齐的言论，如果引导不善，其中负面的不实言论将对社会公共安全形成较大威胁，有可能上升为具有严重破坏性的危机事件。对相关政府部门来说，加强对社会舆论

---

① 王方群. 传媒素养是网络文明的基石[N]. 北京日报，2006-08-07.
② 王来华. "舆情"问题研究论略[J]. 天津社会科学，2004（2）：78-81.

的及时监测、有效引导，以及对舆论危机的积极化解，对维护社会稳定、促进国家发展具有重要的现实意义。传统媒体由于肩负舆论导向的重任，再加上既有的编审播出审核机制的限定，还有声音、画面等信息传播方式的制约，使其在舆情监测内容丰富度、播报及时性等方面较新媒体稍逊一筹。借助新媒体传播的及时性，政府就可以第一时间登录论坛浏览网友留言、点击博客阅读网友文章，实时迅捷地掌握舆情发展现状，从而把危机消灭在萌芽状态。

（二）公众借助新媒体广泛参与政府危机公关

所谓公众动员，是指公众在媒体持久的、强有力的影响下，其心态、期望与价值等不断发生变化的过程。公众动员能提高公众的参与意识，从而缓解危机期间在公众中所产生的负面作用，降低危机管理的成本。在危机中，特别是在公共危机中，新媒体的公众动员能力是巨大的。

1. 动员公众参与危机管理

在美国的"9·11"事件危机处理中，媒体除了讨论恐怖分子是谁、政府是否要报复、报复的程度如何等问题外，更多的是呼吁公众尽可能恢复正常生活。一些网站号召民众从自己做起，做好身边的事情，比如"让您的钱仍留在股市上""像平常那样给您的汽车加油""购物，不管多小的东西""悬挂美国国旗""像平常那样从银行取钱""遵守机场和其他公共场所的新的安全措施，不要抱怨"等。通过形式多样的服务信息传播，在"9·11"事件中，美国 70% 的国民为危机事件进行了捐赠或提供志愿服务。恐怖袭击发生后，美国各个网站都链接到纽约市政府官方网站，因为这个网站汇集了有关恐怖袭击的各个方面的信息，如告诉网民哪些网站接受公众提供的有关恐怖活动的线索，哪些机构或组织接受资金捐赠和无偿献血。该网站 2001 年 1 月 15 日在页面告诉公众，他们还可以有其他的多种方式表达对政府"反恐"的支持，可以悬挂国旗，可以向美国反恐部队写信或邮寄卡片，也可以参加志愿者服务队等。我国"5·12"汶川地震发生后不久，网络也发挥了动员公众的作用。新浪网通过网络迅速发起了"网上捐助""直通灾区""互助寻亲""志愿者报名"等系列服务活动，活动推出后不久便赢得了各界的大力支持，经由亿万网民的共同推动和爱心接力，发挥了网络媒体的组织力，使救灾工作得到了实质性的进展。

2. 动员公众帮助受害者

危机意味着破坏，意味着很多直接遭受危机的人需要得到全社会爱心人士的帮助和安慰。向受害者及其家属提供帮助，也是新媒体应当承担的责任。新媒体在危机中应该提供有关"做什么、去哪里、联系谁及采取什么措施"的信息，指导公众在不同的危机情境中如何行动。

以美国"9·11"事件为例，纽约市政府官方网站在恐怖袭击发生后发挥了核心作用。在救援工作期间，纽约市政府官方网站的链接内容包括寻找失踪者的热线电话号码、整个曼哈顿地区受伤人员安置医疗点的地址和电话，以及向遇难者家属介绍如何提供 DNA 样本帮助确定死者身份等。该网站还向受到影响的企业提供各种帮助信息，包括受影响地区的供电、公用设施以及邮电、银行等服务信息。在危机当中，那些愿意向救援工作提供帮助，如参加临时医疗队、捐款捐物等的民众，都可以从网站得到有关信息。通过网站链接，慈善基金会、红十字会、非政府组织等公益性质的网站链接在一起，公众可以在网络上报名参与危机的管理和危机后的重建，通过网站进行 E-mail 联络、网络信息搜索、网络募捐、网络身体心理健康知识查询。

在抗震救灾活动方面，新媒体的力量也是传统媒体无法比拟的，新媒体让大众参与赈灾更及时、更方便、更通畅。新媒体时代，更多的人感受到了真实的生活和需求。灾难发生后，在获取最新最快的灾情信息之余，民众考虑最多的是：可以做什么？捐款的话采取何种方式？几块钱、几十块钱、几百块钱怎么捐出去？红十字会、公司、居委会组织以及银行邮局汇款等传统的方式显然都比不上新媒体，新媒体让普通大众的救助更加方便快捷。新媒体时代，民众可以通过网络支付工具、网上银行等方式，更加方便快捷地献出爱心，对受灾群众进行物质上的支援和帮助。

3. 新媒体的心理动员效能

新媒体对于危机中的公众所产生的心理效能，主要有以下几点。

首先是凝聚效能。危机突发期间，比疾病更加可怕的是恐惧。危机期间的人群心理主观性、盲目性较平日大大增强，灾难给人们带来了巨大的心理阴影，人们对未来的生活充满了不确定的恐慌，这就为"集合效应"[①]的产生提供了可能性。

其次是激励效能。在危机面前，选择坚持还是放弃，意味着生存或死亡。对于危机中的组织来说，要么解决危机，要么被危机解决，在危急时刻，激励公众的勇气和智慧至关重要。

再次是疏解效能。面对危机带来的巨大破坏，尤其在危机中丧生的灾难受害者，人们需要寻求平台寄托哀思，疏解悲伤心情。"5·12"汶川地震发生后，网友们不仅写下了一篇篇催人泪下的诗歌和文章，制作了许多感人的视频和音乐短片（Music Video，MV），还组织、参与了各类形式的网络活动，祭拜、哀悼死难者等网络活动在各个论坛展开。网友们用这些特殊的方式表达对遇难同胞的无尽哀思和对灾区的无限祝福。[②]

最后是警醒效能。在危机的恢复期，新媒体警醒效能的发挥起到重要作用。危机爆发期过后，民众往往会产生麻痹松懈的思想，这会给危机反弹带来机会。新媒体的警醒作用能够促使公众进行危机学习和增强危机防范意识。在危机潜伏期，新媒体则可将潜伏的危机活动及灾难曝光，即刻掀起舆论谴责，这种传播可以防微杜渐、警醒世人。

---

① 在美国，当发生全国性危机需要总统采取行动的时候，本国公众通常会选择跟总统站在一起，总统的支持率通常会因此而上升。如"9·11"事件发生时，布什的支持率由原来的51%上升到71%，这种现象被称作危机时期的集合效应。

② 新华社. 网聚人间情 真爱总动员：亿万网友牵挂地震灾区[EB/OL]. （2008-05-16），http://www.gov.cn/govweb/jrzg/2008-05/16/content_979002.htm.

（三）政府、公众借助新媒体进行及时互动沟通

在传统媒体的传播行为中，受众是消极的传播内容的接收者，各种信息被"推送"到他们面前；他们只有在接受与不接受之间做选择，缺乏对信息的驾驭自由。新媒体改变了受众消极的地位，受众不仅可以自主选择所需要的信息，还具有发布信息的权利，新闻信息的选择与发布具有很强的自主性，具有了双向互动的功能。

在政府危机公关中，新媒体以其技术优势、渠道特性满足了人们进行一对一、一对多的同步讨论、异步沟通等需要，并且可以得到及时信息反馈，突破了传统主流媒体的话语权壁垒。新媒体固有的交互性特征使其天然地成了满足受众和政府间互动共享危机信息、进行危机公关的最佳平台。

第二节　新媒体环境下媒介体系的解构与重构

20世纪90年代以来，在社会转型和新技术浪潮的双重影响下，我国媒介系统发生了巨大变化，以社会化媒体为代表的新媒体对社会生活全方位渗透，成为媒介系统的一支生力军，这支新生力量与传统媒体之间也因此产生各种各样的矛盾和冲突并逐步走向融合。

一、传统媒体与新媒体的嬗变

（一）传统媒体角色与身份认同的转变

媒介系统是社会中用以进行各种形式的信息传播的一整套相互联系的技术和组合。用"结构化"理论看待当今的媒介系统，它已成为统合个人行动与宏大社会环境的重要中介力量。传统媒体具有社会信息资源上的优势，可以进行高效率的专业化运作，又在社会中积累了一定的公信力，受众媒介使用也形成相对的黏性，因此，传统媒体在社会传播结构中处于优势地位，从而在联系个人与社会方面也应有更多的担当。

改革开放以来，我国传统媒体经历了一场新闻与宣传的论争之后逐渐形成了对自身身份的认知，完成了对新闻本位的回归，信息传递功能得到了重新确认，这一转变也是社会主义市场经济逐步发展的必然要求与结果。之后，各类报纸掀起了一次次社会热潮，受众的多元需求得到了回应，传统媒体也开始了角色的分化，信息传递、协调社会、文化传承、娱乐等功能依次展开。但是，20世纪90年代以来，互联网的发展带来了整个社会信息的爆炸和泛滥，受众的知情权和表达权得到极大满足，导致新媒体事件频频发生。因此，新时期的传统媒体需要承载特定的时代使命。作为瞭望者和预警者，其需要对社会保持高度敏感，应该发挥整合社会的功能，而这也是我国传统媒体新的身份认同。

在这一过程中，传统媒体不断修正着自己的传播行为。先是互联网快速的信息传递让传统媒体失去了时效性，于是传统媒体开始电视直播、增加追踪报道，但收效甚微。之后，传统媒体根据网络传播带来的信息爆炸以及人们的网络迷失陆续开展深度报道，开始注重信息的整合与解释。近年来，网络上社会化媒体的兴起在一定程度上减轻了信息洪灾，众多网民基于认同，围绕特定媒介形成了网络群体，信息传递随之变得更有针对性，这也促进了新媒体事件的发生，传统媒体也因此再次遇到棘手的问题，不仅需要信息整合，还需要进行更深层次的意见整合与引导。

（二）新媒体对社会深层次全方位的渗透

互联网为我们带来了一个日新月异的世界，也悄悄扎根在每个社会成员的日常生活中。起初，网络还只是一个虚拟空间，人们很乐意换各种"马甲"获得不一样的人生体验，那时的网络应用让人们能通过E-mail、新闻组接收信息，在论坛上"灌水"，玩线上游戏。现在的网络不再是乌托邦，它已经深深地嵌入最基础的社会运作之中，几乎所有事务都能在网上进行，如网络购物、网上信访、充值缴费等。然而，这些网络应用只是网络所带来的表层的工具性的作用，其更深远的意义还在于包括网络在内的新媒体对整个社会的影响以及在社会成员思想观念深处所发挥的作用。

新媒体的进步促进了网络社会的发展，网络化用户在每个节点上编织着自己的信息，并通过各种联系传播出去，这种信息传递并不是虚拟的，而是与社会网络产生着真实的互动。新媒体带来了信息传播的新范式，传统的大众传播已不再一统天下，社会成员如今都有机会通过新媒体进行自组织，自身就能成为一个新闻播报台，同样也会对传统媒体或其他网络化用户传来的信息进行更加自主的解读和反馈，新媒体解构了信息生成过程，也解构了信息传播过程。不仅如此，网络化用户也不同于早期的网民，早期的网民是松散的、没有组织的，而现在的网络化用户趋向真实而固定的身份使得结成的网络群体更加稳定，线上生产的意见直接对线下产生影响，网络化用户群体甚至还可以自行组织社会运动。

新媒体逐渐成为人们的思考方式。在日常生活中遇到不懂的问题，人们现在习惯于利用搜索引擎找答案，就连想去看场电影、读本书，也先上豆瓣听听别人怎么说，跟同学、朋友、同事保持联系也借助于QQ、微信以及众多的社交网站，离开了网络，生活中的小事都仿佛变得困难重重。正因为如此，人们发布信息、表达看法的第一选择也是新媒体，在新媒体上人们有着自己的群体和联系。可以说，新媒体为我们搭建了这个时代的新的"话语空间"。在这个空间中，各种社会力量隐身其间，按照网络当中的游戏规则进行着话语博弈和力量交锋。

新媒体不再只是一个高效率的工具，而是实现了对社会全方位深层次的渗透，在人们的个人认知、社会交往以及整个社会的发展中都扮演着重要角色。在新媒体环境下，传统媒体发生着身份认同与角色的转变，逐渐朝着社会整合型媒介的方向发展。

二、新媒体事件中传统媒体与新媒体的冲突

从宏观社会环境来看，传统媒体与新媒体被赋予了共同的时代使命，对于这一使命，二者以不同的媒介行为进行着具体的诠释。从网

络到现在的种类繁多的新媒体，都为基层民众提供了表达空间。传统媒体与新媒体的冲突是自新媒体诞生之日起就存在的，这种冲突深深扎根于中国的社会环境和媒介系统自身中。

（一）公域与私域的鸿沟

不论传统媒体的大众传播，还是网络用户的新媒体传播，都可以看作一种社会场域。根据法国社会学家皮埃尔·布尔迪厄的观点，场域是被各种权力或资本占据不同位置的场所，也是这些力量展开斗争的场所。在新媒体事件中，舆论力量是决定事件如何发展的决定性因素，而承载舆论的论述场域就是传统媒体与新媒体交锋的场域。

在现代社会中，传统媒体与新媒体形成了两个论述场，传统媒体所承载的是公共论述域（public discourse universe），新媒体则成为广泛存在的私人论述域（private discourse universe）的主要承载者。传统媒体与新媒体之间冲突的剧烈程度取决于这两个论述域之间的沟壑有多大。

由于制度性因素的影响，中国传统媒体构建的公共论坛存在着一定的"异化"。公共领域的形成条件包括：公共空间的开放性、公众对媒体的接近使用权以及公众利用媒体参与有关事务的讨论。

对于传统媒体没有得到或者没有充分关注的议题，新媒体为公众提供了表达的渠道和话语空间。新媒体是迄今为止给予公众最大主动权、参与权的媒体。理论上，任何人都可以成为新媒体用户，类型多样的社会性媒体则提供了议题自由讨论的无限可能性。新媒体是私人论述域中舆论的集散地，这种集聚功能产生的强大效应在新媒体事件中表现得尤为明显，其信息传递的速度和数量都远远超过传统媒体。

（二）"意见领袖"意识的强化

所谓意见领袖，是指那些保持频繁媒介接触的人，他们乐于将所获信息传递给那些不活跃的群体或个人。新媒体的开放度和极低的技术门槛使得每个人都拥有了表达权，但这并不意味着每个人发出的信息都有人接收，即使有人接收，其影响也未必一样。新媒体世界中有着众多"明星"，他们可能是公众人物、专家、权威机构，也有可能是草根网络化用户。如今，"数字原生代"使用微博成为日常习惯，国内最具影响力的新浪微博上有很多"意见领袖"，他们的影响力虽然部分来自现实影响的延伸，但更多源自其网络言论和转发。对于历次新媒体事件，他们都高度关注，传递信息、发表或转发评论。他们或者发布了关键性信息，或是某些极具影响力言论被其他网民推崇，抑或直接对事件产生影响。这些名人自发地担当起意见领袖的角色，有选择地传播信息并加上自己的阐释，即使面对传统媒体，也坚守自己的原则与判断。

传统媒体要发挥舆论引导功能，自然要成为意见领袖，因而，这些媒体在注重新闻质量的同时，也通过开通微博等方式实现对线上的渗透，在新媒体事件中，在某些方面或某些时间也能较好地发挥意见领袖的作用。总而言之，如今，新媒体与传统媒体的"意见领袖"意识都得到了强化。

三、传统媒体与新媒体关系的调适

传统媒体与新媒体依托不同的技术条件、信息传播机制在社会大小事务中扮演着迥异的角色。面对社会转型中不断涌现的议题，任何一方都不能独霸话语权，最终的解释是二者角力的结果。新媒体事件是调适传统媒体与新媒体关系的重要契机。它在短期内积聚人气，网民的聚集使得事件客观上具有了新闻价值，对于各类议题，传统媒体一般都会报道，毕竟报道才意味着掌握话语的主动权。

（一）调适的起点：传统媒体对众人生产知识的认同

维基百科的成功向世人证明了网民生产知识的能力。在网络当中，单个网民的力量固然单薄，但无数个网民的力量积聚是非常可观的。如今，众人生产知识的模式已从自发走向自为，从少数人的偶然为之发展成了多数人的惯常行为。依托社会性媒体形成的特定圈子以及渐趋固定的网上身份，都让网络空间的信息逐渐走出原初混沌一片的状态，毕竟过激的言辞和满腹的牢骚不能维持住身边的圈子，有效信息的增多让建构社会知识成为可能。在新媒体事件中，众人生产知识造就的不仅是"信息流"，更是强劲的"情感流"，有了情感的依附，事件的信息传播范围和影响呈几何级数扩张，线上的众声喧哗极有可能形成线下的社会运动。

传统媒体对众人生产知识模式的认知经历了一个渐变的过程。以往，传统媒体普遍认为网络空间的糟粕远多于有效信息，在愈演愈烈的冲突面前，随着政策导向的转变，传统媒体开始摆正位置，在新媒体事件中及时跟进，把握舆论引导的时机，这其实也反映了传统媒体对众人生产知识的认同。

信息传递本是大众传媒在社会系统中的存在原因，但如今网民也可以参与信息的生产和传播，传统媒体遭到新媒体的挑战。在这种背景下，传统媒体必须正视众人生产出的信息和知识，认同这样的生产模式，唯有如此才谈得上引导舆论。当然，为了避免众人生产知识过程中的群体极化和错误放大，传统媒体需要明辨真伪，及时通过信息回流进行纠偏，引导线上舆论。可以说，在纷繁复杂的现实当中，传统媒体的信息甄别及在此基础上的报道评论是对新媒体众人生产知识模式的有效补充，是二者良性循环的开端，也是双方关系调适的起点。

（二）调适的方向：从对抗到常规化的事件处理

新媒体带来的不仅仅是新话题，它还深刻地冲击了传统媒体的新闻生产过程。这样的冲击往往为一些关键性事件所激发，如海湾战争中美国有线电视新闻网（Cable News Network，CNN）24小时的电视直播、因最先披露克林顿性丑闻而名噪一时的"德拉吉报道"。新媒体尤其是社会性媒体对传统媒体的新闻生产常规形成了挑战。

首先，传统媒体的新闻价值类型发生变化。新闻价值是新闻工作者快速判断事实能否进行报道的依据。在长期的日常新闻活动中，传统媒体已形成了一套新闻选择的既定标准，新闻价值呈现类型化。编辑、记者对于每天要报道什么很是明了。例如，时政新闻主要关注会议、文件以及领导活动；社会新闻关注社区百姓生活状态；文娱新闻关注演出、活动、明星外加花边新闻。出街的报纸厚厚一沓，但所涉及的多是类型化的新闻。与之相比，新媒体积聚的网民关注的议题则明显不同。这些议题最初在线上声势浩大，之后就逐步进入传统媒体的报道视野，从而使得传统媒体的新闻价值类型得以拓展。

其次，传统媒体的新闻制作模式发生变化。传统媒体的新闻生产始于发现新闻线索及采访活动，信源作用显著，通讯员、线人是记者的传统信源，而在新媒体事件中，所有网民，尤其是事件当事人，都具有成为信源的可能。网民从要求知情与表达发展到了促成线下行动，甚至基于一定观念形成共同体，影响传统媒体的新闻生产。此外，新闻记者如今也是社会性媒体使用者，他们具有良好的新闻敏感度和职业素养，乐于以参与者身份进行新闻生产，这也给传统的新闻生产模式带来了改变。

最后，传统媒体报道、评论框架的改变。网络中的信息活动尽管非常活跃，但传统媒体最初对其是忽视或抵制的。新媒体事件的频频发生令情况有了转变，传统媒体开始正视新媒体的力量，认同和肯定网民的信息生产传播活动，并与其进行形态多样的信息互动。一些知名传统媒体还会在每年年末以专版、专栏的形式列举当年具有影响力的新媒体事件，评选十大网络事件、微博事件等，并称网民活动体现公民精神，这是传统媒体对新媒体的赋权。在此基础上，传统媒体报道、评论新媒体事件开始着眼于中观视野，这种框架既不同于党政报道的宏观视野，也不同于社会新闻、民生新闻的微观视野，而是在充分互动后对线上信息、舆论进行提炼，对社会中的公民精神、公共精神进行关照，以社会进程中的重要事务作为议题，聚集、鉴别、融合新媒体信息，并对其进行深度挖掘。在这样的框架中，传统媒体不仅着眼于信息的高效流动，更着眼于情绪流、影响流的传播，以深度反思促进舆论影响力的提升。

第三节　危机公关中新媒体对政府形象的影响

一、新媒体环境下政府形象传播的重大变化

互联网作为一种超越疆土、全球通达的传播媒介，是国际传播的重要组成部分。放眼全球，以互联网为代表的新媒体已经成为政府形象塑造过程中不可或缺的重要力量。新媒体使政府形象传播环境发生了重大变化。

（一）信息传播的即时性挑战政府应对突发事件的传播反应能力

信息在互联网上可以更加自由地在第一时间传播出去，这为公众了解相关政府资讯创造了便捷条件，同时也对政府及时应对突发事件的反应能力和公关能力提出挑战，如能否及时公开相关危机事件的信息，能否及时对该事件做出反应和回答。

（二）海量资讯储备挑战政府相关信息透明化

网络媒体独特的超级链接功能可以将一条新闻与事件的背景、相关信息以及网友评论链接起来，形成事件全貌，而且，随着时间的推移，相关信息越来越多，从而具有无限的扩展性和丰富性。政府相关信息基本能够通过搜索获得，庞大的信息平台带给公众平等享受信息的权利，实现了信息流动通畅，公众享有获取资讯的主动权。同时，任何人又都不可能独享信息，这也对政府相关信息（包括正面和负面的）能否做到透明化提出挑战。

（三）数字新媒体的互动性促使政府形象相关舆论多元化

伴随数字媒体传播渠道的多元化，公众有机会通过多种渠道表达

自己的观点并可能在一定范围内形成舆论。公众关于政府的态度言论呈现多元化的状态。对政府形象塑造而言，能否积极有效地应对此类多元化的舆论，积极对舆论进行引导，是又一个挑战。

（四）公众被数字新媒体赋权，成为信息传播主体

数字新媒体技术提供给公众表达自己言论的技术平台，从而公众被赋权，传播的主体也从少数人转变为公众，传播呈现多元化的趋势。随着自媒体（we media）的高速发展，我国的公共舆论格局已经发生很大变化，进入"大众麦克风时代"。每个人都有可能成为信息源，新媒体赋予每个人创造与分享信息内容的力量，它让每个社会个体都能发挥过去只有媒体才能发挥的作用。越来越多的民众会通过互联网参与公共和政治事务。如何有效引导、利用公众力量，使之有利于政府形象的塑造，是政府形象建设以适应新媒体环境所需要考虑的问题。

（五）病毒式传播和核裂变效应形成信息的高速大范围传播

病毒式传播和核裂变效应是数字新媒体强大传播功能的主要体现，信息传播以几何级数的形式增长，加快信息扩散速度、扩展信息影响范围。这种传播特点，对政府处理危机事件、负面信息等的能力要求很高。面对危机事件如何最大限度控制事件的传播形态、对正面信息如何利用病毒式传播扩大影响，都是未来政府在新媒体环境中塑造品牌形象时需要控制使用的传播力量。

（六）移动互联网大发展促进资讯的快速透明化与公众舆论的快速兴起与扩散

随着智能手机的普及和第五代移动通信技术（5G）的应用普及，庞大的智能手机网民规模为移动互联网应用的爆发提供了基础。移动互联网时代，在任何时间与任何地点，只要网络畅通，任何人都能在第一时间接收信息与发布信息，这将进一步促进政府相关信息的透明化程度的提高，使得政府相关信息的传播速度进一步加快。这种变化，

一方面有利于政府的网络政务执行；另一方面，也增加了政府形象危机事件的发生概率，加速了其扩散速度。

二、新媒体环境给政府形象塑造带来的新问题

（一）危机事件可能变得常态化，随时会发生

政府面临的危机事件增多，网络新媒体可以产生核裂变效应，形成信息的高速大范围传播，它可以让每个人发挥过去只有媒体才能发挥的作用，传播的主体也从少数人转变为公众，呈现多元化的趋势。每个人都有可能成为信息源，新媒体赋予每个人创造与分享信息内容的力量，信息会以病毒式传播加快扩散速度与扩大影响范围，这些特性共同决定了新媒体具有导致政府形象危机事件常态化的可能。为了避免在新媒体时代政府形象危机事件的常态化，加强政府形象在社会常态中的塑造传播势在必行。

（二）网络舆论与现实社会的舆情不完全对应

除数字新媒体提高了政府形象危机事件出现的概率外，在政府形象相关的传播生态中，存在网络舆论与现实社会的舆情不完全对应的问题。由于数字新媒体的民主性，每位社会成员都能随时随地与他人分享信息或表达态度意见，这使得信息的扩散速度得到迅速提升。与此同时，由于消息来源的差异、信息扩散渠道和信息扩散速度的差异，经常会出现网络舆论与现实社会舆情的不完全对应。当网络舆论与现实社会的舆情不对应性超出一定程度时，网络舆论势必会对政府形象的塑造形成影响。

（三）移动互联网时代，对政府形象的塑造关注应该落实到常态中来

伴随互联网技术的扩散应用，信息流动模式与分配结构发生了变化，这种变化对政府治理能力提出了全新挑战。在以网络为代表的数字新媒体环境中，政府及政府官员的一言一行在公众面前变得比以往

任何时候都更加透明和公开，政府的点滴细节都处于被监视或监督之中。因此，政府形象的塑造也不再仅限于重大事件，而应该转化成为一种日常化的工作。移动互联网时代，伴随智能手机的普及与 5G 通信技术的扩散应用，任何民众都能随时通过手机拍摄、描述、上传分享自己所看到的任何事件情境。在此环境中，政府的一切行为呈现透明化的趋势，政府及政府官员要习惯被围观，其形象塑造正是在这样一种被围观的状态中进行的。被围观已经成为一种常态，因此对政府形象塑造的关注也要落实到社会常态中来。

三、新媒体环境下政府良好形象的塑造

（一）政府形象塑造应该从被动式的危机公关应对转向在社会常态中主动塑造

政府形象危机事件的出现，不能当作简单的单独事件看待。每一次政府形象危机事件的爆发都经历过一定的时间累积，矛盾冲突累积到一定程度时，才会以爆发的形式凸显出来。同时，数字新媒体在影响事态发展的过程中发挥了一定的推波助澜的作用。因此，政府形象危机事件的控制与管理应该延伸至危机爆发之前，提早对社会常态中可能对政府形象造成危机影响的事件进行舆论监控，及时与民众沟通解决矛盾冲突，以此维持正常的社会秩序，推动社会的健康发展。

（二）建立常态化与制度化的网络社交媒体管理机制

对政府形象的塑造传播，除了在危机时期予以高度重视外，更应从常态管理中入手，通过新媒体应用的角度，加强网络社交媒体的管理，将其建设成为一种常态化与制度化的管理机制，进一步提升我国政府形象的塑造能力与效果。这样，一方面，我们可以降低严重威胁政府形象的危机事件的发生概率；另一方面，一旦有形象危机事件爆发，政府也能利用常态社会中累积的民众支持，为政府在危机公关中争取更好的舆论环境，便于政府危机公关的顺利进行。

建立网络社交媒体管理机制并不是说要从政府管理层面实施对网络社交媒体平台的人为限制干预，而是需要政府深入了解网络社交媒体平台的传播方式与传播特征，学会如何在网络社交媒体平台上与民众进行沟通对话，在此基础上实现即时监测政府形象相关的网络舆情，形成民众与政府之间的良性沟通互动。一旦政府形象危机事件爆发，能够立即启动网络社交媒体平台危机公关措施配合控制化解政府形象危机事件的影响。

一直以来，在社会舆论的引导方面，传统媒体承担着重要的责任。但是，部分传统媒体在危机中的舆论引导没有真正契合危机时期的舆论特点，虽然能够在宏观上发挥舆论的主导作用，但微观上没有考虑到受众的多元化，有时使舆论过于强硬和绝对，伤害到部分人的感情。手机作为一种新的具有大众传播功能的媒介，灵活性更强，更加贴近受众，正好弥补了这一不足，能够更好扮演危机传播中"舆论缓释剂"的角色。

（三）责任政府形象的塑造需要理性治理

全球化时代已经到来，人类政治过程的重心也在发生深刻的变化，从传统"统治"走向了现代"治理"。治理一般是指这样的一种公共管理，"统治"的目标是统治阶级利益的最大化，而"治理"的目标却是公共利益的最大化。在危机管理中，政府必须针对危机发展形势和民众的需要，广泛听取民众、社区以及媒体的意见和建议，做出的决策必须及时充分且反映民意，政府的政治责任也体现为对民众负责。只有提高政府及其他公共机构工作的透明度，才能为公众积极广泛参与政府决策和管理、监督政府工作提供应有的民主空间。人民群众对事关自己切身利益的公共事务有民主参与权是社会主义民主的基本要义，一个文明和民主的政府必须保障人民的这种权利。保障人民的基本权利、增进人民福利是政府主要责任。政府务实、负责的施政态度和理念，十分有利于塑造责任政府的形象，也将对我国的政治行政体制改革和民主政治建设产生广泛而深远的影响。

后　记

　　《新媒体环境下的危机公关研究》是教育部人文社会科学重点研究基地重大项目"互联网传播形态与中国传播能力建设研究"（17JJD860003）的子课题——"中国传播能力建设与社会沟通创新研究"的结题成果。

　　本书稿由我确定主题，拟定框架，组织在校博士研究生共同整理完成。在书稿的写作过程中，博士研究生郭辉、黄钦、王少南、刘宏宇等参与了资料搜集及部分内容的修改，并为本书稿的完成提供了宝贵的建议。在此，对他们的辛勤付出表示感谢。

　　此稿的写作几经波折，2014年已完成初稿，与中国社会科学出版社达成初步的出版意向，后因个人原因耽误出版时间，未能如期在中国社会科学出版社发行，故深表歉意。编辑刘娟认真专业，为本书提供了宝贵的一审建议。在此，向刘娟女士的辛勤付出表示衷心感谢。

　　2021年，本书与科学出版社达成出版意向。此稿能够出版，主要由博士研究生胡大海完成修订工作，书稿的校对及与编辑的沟通工作也由胡大海完成，在此一并对编辑王丹和胡大海表示感谢。

　　在全球风险占据主导地位的社会发展阶段，中国传播能力建设与社会沟通面临着各种危机。本书旨在还原特定时间段的政府危机公关发展情况，以飨读者。但从某种程度上来说，我们无法完全准确把握社会运动的基本规律，这是我们认知上的局限。因此，我们的作品是不完美的，欢迎读者与我们一起探讨，这个研究也将永无止境。

夏　琼

2022 年 3 月 8 日